D0352585

Lady MOSLEY

LA DUCHESSE DE WINDSOR

Conseil éditorial et photographique
Jack LE VIEN

Traduction
Françoise DUCOUT

Certaines des photos de ce livre
proviennent de la collection privée
du duc et de la duchesse de Windsor.
L'éditeur tient à remercier la duchesse
pour son autorisation de publication.

© Lady Mosley & Sidgwick & Jackson-Londres, pour l'édition originale.
© Éditions Mengès 1981, pour l'édition française.
ISBN : 2-85620-111-3

© Hachette international Canada, 1981, pour l'édition canadienne.
ISBN : 2-89112-008-6

INTRODUCTION

La scène se passe à Paris dans les années soixante, au cours d'un dîner auquel assistent les Windsor. Sujets principaux de la conversation : la santé et la richesse. Sont-elles la clé du bonheur ? La richesse ne prime-t-elle pas tout ? Les convives remarquent que le duc de Windsor est demeuré particulièrement silencieux.

— Allons, dit alors la duchesse, en se tournant vers son mari, dites-nous ce que vous désirez ?

Et lui :

— Vous.

Qui aurait douté de la sincérité de cette réponse ? Elle était tout pour lui. Leur union durait maintenant depuis plus de trente ans, les circonstances tragiques de leur mariage qui avait pris les proportions d'un événement historique, appartenaient désormais à un autre temps : celui de l'avant-guerre. Le frère du duc de Windsor, qui lui avait succédé à la tête du royaume de Grande-Bretagne, avait été adoré de son peuple. Sa fille, la reine Élisabeth II, nièce du duc de Windsor, est peut-être encore plus populaire. De quoi donner raison à un esprit cynique. Dans le secret de son cœur, le duc de Windsor devait admettre qu'il avait sacrifié la gloire, le pouvoir de ce monde pour l'amour de cette femme, mais avait-il le droit de reconnaître son erreur ?...

Inutile pourtant de préciser que le cynisme n'a jamais raison.

Ce livre soulève une double interrogation. Qui était cette femme qui inspira une passion aussi forte et durable ? Qui était cet homme qui fit de son amour une immortelle légende ?

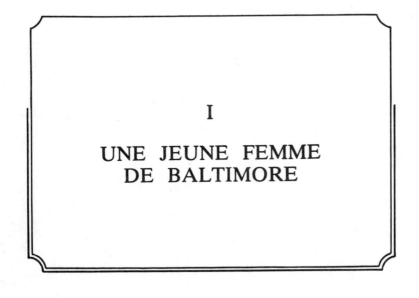

I

UNE JEUNE FEMME
DE BALTIMORE

Je suis née américaine. Je vivrai et mourrai en américaine.

Daniel WEBSTER.

Bessie Wallis Warfield ouvrit pour la première fois les yeux, le 19 juin 1896, dans la résidence d'été de la famille de Blue Ridge Summit, en Pennsylvanie. Normalement, la petite fille, qui n'était pas attendue si tôt, aurait dû naître à Baltimore, mais la santé chancelante du père avait contraint les Warfield à fuir la touffeur de la ville pour la campagne.

Les Warfield s'étaient établis aux États-Unis en 1662 ; Wallis comptait parmi ses ancêtres le gouverneur du Maryland, Edwin Warfield. Installés depuis toujours à Baltimore, descendants des « pères fondateurs », les Warfield étaient donc des figures en vue de la société de la ville. La mère de Wallis était une Montague de Virginie. Les Montague avaient la réputation d'avoir des manières très distinguées et la réplique facile. Dans ses *Mémoires,* la duchesse de Windsor cite quelques-uns des mots de sa mère. Sans doute, nous paraîtraient-ils aujourd'hui légèrement démodés, pas très drôles, mais à l'époque, ils l'étaient. « Ça, c'est bien digne d'une Montague ! », s'écriait-on lorsque Wallis lançait un mot d'esprit.

Trente ans avant sa naissance, les quatre grands-parents de Wallis s'étaient rangés du côté de la Confédération des États du Sud en sécession : ils étaient anglophiles et détestaient les Yankees. Leur plus grande fierté était de rappeler que le grand-père de Wallis avait été arrêté par « les sbires de M. Lincoln ». Il était déjà mort quand Wallis vint au monde, mais sa grand-mère était toujours là pour l'entretenir de sa haine des Nordistes qui était sans appel. Aucun homme du Nord ne pénétra jamais dans sa demeure.

« N'épouse pas un Yankee ! Sous aucun prétexte », ne cessait-elle de répéter à l'enfant.

Wallis (elle renonça toute jeune au prénom de Bessie, qui convenait, disait-elle, aux vaches, pas à un être humain !) perdit son père très tôt. Il n'avait que vingt-sept ans, et elle, à peine quelques mois. La jeune veuve se retrouvait, elle, sans un sou. Les Warfield, qui jouissaient d'honnêtes revenus, se chargèrent des deux femmes. L'enfance de Wallis fut heureuse et sans histoire : elle adorait sa ravissante mère qui l'inscrivit dans une école huppée de Baltimore. Sa grand-mère Warfield, avec qui elle passa de nombreuses années, était bonne, mais sévère. Les vacances la voyaient dans les maisons de campagne, les fermes de ses oncles. L'oncle Salomon, le célibataire du clan, pourvoyait à tout. Il avait réussi dans la banque et était devenu président de la Continent Trust Company, que l'on appelait familièrement le Temple de Salomon. Jusqu'au remariage de la mère de Wallis, il paya l'école de sa nièce et régla les autres notes. Le nouveau mari de Mᵐᵉ Warfield, J. F. Raisin, avait de l'argent, et comme les Montague, sa famille avait fait son « trou » dans la politique. Les talents culinaires de Mᵐᵉ Warfield étaient célèbres : on se pressa aux dîners de la nouvelle Mᵐᵉ Raisin.

Inscrite à la pension Oldfields, Wallis put méditer la devise de l'institution, « Gentillesse et courtoisie sont les deux qualités éternelles des jeunes filles », répétée au-dessus de la porte de la chambre de chaque élève... Cette phrase frappée au coin du bon sens marqua profondément la duchesse. Dans ses *Mémoires,* elle commente longuement l'éducation de Oldfields, préférable, selon elle, aux mœurs modernes qui engendrent des générations incapables de se conduire convenablement.

Wallis ne fut jamais en reste pour participer aux jeux de son école et se montra une élève attentive. Elle noua à Oldfields de longues et durables amitiés. Souvenirs heureux, donc. Même si la préfète, Nan McCulloh, s'en tenait aux règles anciennes et ne pardonnait aucun faux pas. A Oldfields, on croyait aux vertus des leçons apprises par cœur et Nan McCulloh n'aurait pas laissé partir une de ses pensionnaires pour les congés de Noël sans que celle-ci n'ait récité, et sans faute ! un chapitre de la Bible. Mais en avril 1913 — Wallis était toujours à Oldfields —, son beau-père mourut brusquement. Elle se retrouvait pauvre.

En 1914, Wallis tourne définitivement le dos à son adolescence.

Avant de quitter Oldfields, elle signe le Livre d'or de l'école et y laisse un message personnel : « Tout est amour », qui contraste singulièrement avec les annotations de ses compagnes : « Ce sont les petites choses de la vie qui comptent... », « Vive l'histoire britannique ! » rédigées d'une écriture appliquée, pataude. Wallis rompt avec cette banalité générale, cette maladresse enfantine. Sa main est déjà ferme, adulte. Les mots, la signature bondissent, croirait-on, hors de la page.

Elle donnera d'autres preuves de sa maturité.

Pour son entrée officielle dans le monde, au bal du Cotillon des Célibataires, un 24 décembre, elle porte une robe en satin blanc et une tunique blanche en chiffon bordée de perles. Première manifestation de son élégance et de son goût vestimentaire infaillible.

Mais les temps n'étaient plus à l'insouciance et aux plaisirs : la guerre faisait rage en Europe. L'oncle Salomon qui avait donné une fête pour un cousin de Wallis, lui refusa la même intention. Il fit paraître un article dans la presse locale où il expliquait les raisons de son attitude : « En Europe, des hommes sont décimés, des familles entières sont plongées dans l'affliction. Nous n'avons plus le droit de nous amuser. »

Wallis ignorait alors qu'elle serait, dix-huit mois plus tard, l'une des victimes de la tragédie qui se jouait au-delà de l'Atlantique.

La jeunesse dorée de Baltimore ne semblait pas encore touchée par la guerre : ce n'était que danses, sorties, « parties » auxquelles Wallis participait intensément. Les nuits se prolongeaient jusqu'à l'aube et Wallis se réveillait pour se suspendre au téléphone et bavarder des heures durant avec ses amis. La plupart n'avaient pas de fortune, mais aucun d'entre eux — et surtout pas les jeunes filles de la bande ! — n'aurait envisagé de chercher une situation, de travailler. L'entourage féminin de Wallis — mais cela n'était pas propre qu'aux États-Unis — se raccrochait au mariage. Il n'était pas question de « carrière », les « anciennes » d'Oldfields n'avaient pas accédé à l'université, elles n'avaient pas réussi socialement, elles s'étaient mariées, elles attendaient un époux...

1915 : mort de la grand-mère de Wallis. Sa mère la persuade d'accepter l'invitation d'une de ses cousines, en Floride. Wallis peut maintenant décemment renoncer à son deuil, elle doit s'éloigner de Baltimore où il serait de mauvais ton qu'elle reprenne immédiatement ses mondanités. Corinne, la cousine de Wallis, avait de quoi la séduire. N'avait-elle pas épousé le capitaine Mustin qui commandait la base aérienne de Pensacola ? L'aviation n'en était qu'à ses premiers balbutiements. Pensacola attirait les curieux, et les rêves des jeunes filles de l'époque étaient hantés par de fringants et séduisants aviateurs, les nouveaux héros de l'ère moderne qui brûlaient d'envie d'aller se mesurer aux Allemands dans le ciel de France... Ils allaient bientôt être exaucés.

Le lendemain de son arrivée à Pensacola, Wallis écrit à sa mère : « Je viens de rencontrer le plus fabuleux des aviateurs. »

L'heureux élu est le lieutenant Earl Winfield Spencer Jr. Il ne quitte plus Wallis. Wallis s'ingénie par mille faux prétextes à différer son retour à Baltimore.

Est-ce à Pensacola que naîtra sa crainte des voyages en avion ? Peut-être. Car à Pensacola on vivait dans la terreur des accidents signalés par la sinistre sirène d'alarme. Les épouses, les amis des aviateurs ne pouvaient utiliser le téléphone pour s'enquérir de leur sort : il fallait laisser la ligne libre. La nervosité, l'anxiété montaient, on guettait la mer où s'abîmaient souvent les appareils et les navigateurs...

Mais Wallis était amoureuse, mais Wallis voulait épouser son aviateur. Ils se fiancent. Qui est Earl Winfield Spencer Jr. ? Si l'on en juge par une photographie prise au moment de sa rencontre avec Wallis, c'est un homme au visage brutal : les lèvres hermétiquement closes vont, croirait-on, s'ouvrir pour hurler un ordre comminatoire. Impression contre-balancée par ses proches : « Earl est charmant. » Brutal, charmant..., qu'importe ! Wallis profite d'une permission du fiancé pour le présenter à la famille. Le jeune homme passe donc devant le tribunal présidé par la tante Bessie Merryman et l'oncle Salomon, qui approuve le choix de sa nièce. La mère de Wallis est plus réticente. Wallis a-t-elle réfléchi aux conséquences de son futur établissement ? Sait-elle à quoi elle s'engage en se liant à un militaire ? Les deux femmes sont pourtant très loin de la vérité. Le fiancé n'a pas encore dévoilé sa nature véritable.

Mais Wallis est amoureuse ! Et puis, ce mariage ne soulagera-t-il pas sa mère ?

Au tour de la famille Spencer, établie dans un faubourg de Chicago. Les Spencer réservent un accueil chaleureux à Wallis, souhaitent au jeune couple tout le bonheur possible. Wallis est favorablement confortée : Mme Spencer n'est-elle pas d'origine britannique ? Mais, déception : les Spencer n'ont pas les moyens d'aider financièrement Earl et Wallis, qui devront se contenter de la solde du jeune « guerrier ». Protestation véhémente de Wallis : elle est habituée aux économies, habituée à compter.

Lorsqu'elle pénètre dans l'église de Christ Church, en ce mois de novembre 1916, Wallis a vingt ans. C'est ici qu'elle a fait sa confirmation. Elle marche parmi les lis et les chrysanthèmes blancs, entre six demoiselles d'honneur en robes bouffantes couleur orchidée, rehaussées d'une large ceinture de satin bleu et une haie de jeunes officiers en grande tenue. La voici au bras de son oncle Salomon, en panne de satin blanc qui laisse deviner une antique dentelle, un voile virginal retenant sa chevelure, sans oublier la traditionnelle couronne de fleurs d'oranger. A la réception qui suivra la cérémonie, Mary Kirk, l'amie de toujours, l'amie des années d'Oldfields, hérite du « bouquet de la mariée ». A quelque temps de là, Mary Kirk s'unissait au capitaine Jacques Raffray, nommé officier de liaison aux États-Unis, quand ceux-ci déclarèrent la guerre à l'Allemagne.

Au cours de sa brève lune de miel, dans un hôtel de White Sulphur Springs, en Virginie Orientale, Wallis fit une importante découverte qui allait bouleverser son existence : Win buvait trop, l'alcool le rendait agressif, grossier, violent même. Un jour qu'elle contemplait par la fenêtre le jardin de l'établissement, elle surprit une exclamation de fureur de Win qui venait de trouver sous un verre posé sur la coiffeuse, une petite note prévenant l'aimable clientèle que l'hôtel ne vendait pas de boissons alcoolisées.

— Nous ne resterons pas une seconde de plus dans cet endroit, prévint Win en se précipitant sur sa cantine et en extrayant une bouteille de gin enveloppée dans un fatras de chemises et de chaussettes.

A vingt ans, Wallis ignorait tout de l'alcool. A peine, lui permettait-on une flûte de champagne à Noël. Pas de vins aux délicieux dîners de sa mère qui se pliait à la coutume américaine du verre d'avant et après repas. L'intempérance de son mari la stupéfia.

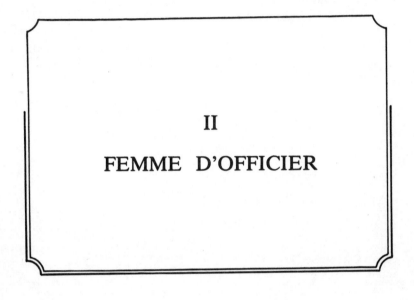

II

FEMME D'OFFICIER

> *« Sauver la face, voilà à quoi on reconnaît un homme digne de ce nom. Le monde vous pardonnera tout, sauf cela. »*
>
> Charles CHURCHILL.

Corinne, la cousine de Wallis, accueillit la jeune mariée à son arrivée à la gare de Pensacola d'un bruyant « Salut, la maigrichonne ! », puisque tel était le surnom dont on avait baptisé la nouvelle Mme Spencer. Et Wallis s'installa dans son « nid ». Une maison comportant trois chambres, un living-room, deux salles de bains, qui ressemblait comme une sœur aux autres demeures de Pensacola. En bonne ménagère, Wallis suspendit des rideaux en chintz aux fenêtres, peignit les meubles en blanc et engagea une cuisinière et une domestique à trente-deux dollars par mois. Elle se plia aux habitudes de ses voisines : elle donna des dîners qui se terminaient généralement par une partie de poker. La veille d'une mission, les officiers s'abstenaient de boire, mais se rattrapaient pendant le week-end. Le samedi soir, les Spencer dansaient jusqu'à l'aube dans la salle de bal de l'hôtel du lieu. Au grand embarras de l'assistance, Win se postait devant l'orchestre, imitait les vedettes de music-hall en vogue, gigotait dans tous les sens. Mais rien de bien méchant à cela.

Wallis redoutait les jours de la semaine. La sirène annonçant la chute de l'avion de Win allait-elle retentir ? Il tomba effectivement à la mer, mais fut repêché par l'équipe de secours de la base. A mesure que la guerre s'intensifiait en Europe, le nombre des recrues arrivant à Pensacola redoublait et Win était occupé presque vingt-quatre heures sur vingt-quatre.

Enfin, le 6 avril 1917, les États-Unis s'arrêtèrent un instant de respirer. C'était la guerre ! Gratifié d'un galon supplémentaire, Win fut expédié dans le Massachusetts, près de Boston, avec ordre de prendre le commandement de la base de Squantum. Lui, qui avait tant espéré partir pour la France, se lancer dans l'action ! Il ne décolérait pas :

— Squantum ! Bravo ! Quel beau champ de bataille ! Mais croyez-moi, je n'y ferai pas de vieux os !

Et il tint promesse. Malheureusement, l'état-major estima qu'il avait si bien réussi à Squantum, qu'on le pria de réitérer cette glorieuse entreprise en Californie, à North Island. Ce qui accrut son indignation et ses rancœurs !

En 1917, San Diego n'était qu'une petite bourgade au climat semi-tropical dont les bungalows se cachaient derrière les palmiers et les hibiscus. Wallis y planta donc ses pénates, laissa Win s'épuiser à la tâche et apprit la cuisine en potassant le bouquin qu'on lui avait offert pour son mariage. Pour calmer les appréhensions de son premier dîner officiel, Win lui conseilla d'avaler un cocktail.

— A la santé du cordon-bleu ! C'est la recette des rois !

Un double Martini eut raison des angoisses de Wallis et la soirée fut un succès.

Win Spencer et ses instructeurs avaient contribué à doter le pays d'une base aérienne modèle, mais l'armistice de 1918 marqua la fin de ses illusions. On l'avait tenu à l'écart des combats, il n'était qu'un vulgaire « rampant » ! Son caractère s'aigrit, il se réfugia de plus en plus dans la bouteille et son intempérance lui attira, en haut lieu, des blâmes qui incitaient Wallis à penser qu'il ne parviendrait jamais à faire carrière ni à dépasser les limites de San Diego. Pourquoi, songeait-elle, n'abandonnait-il pas l'armée pour se consacrer à l'aviation civile ? Mais Win était lié corps et âme à l'Aéronavale. Wallis n'aborda plus le sujet, mais elle accueillit avec un profond soulagement le déplacement de son mari à Pensacola. Elle était parvenue à former autour d'elle un cercle agréable d'amis, mais Win avait besoin d'une nouvelle existence, d'un nouveau départ.

Win fut affecté au bureau aéronautique de la marine, à Washington. Mais au lieu de se retrouver aux commandes d'un avion, il était vissé derrière une table, devant un tas de papiers et de rapports administratifs assommants qui le renvoyaient tout naturellement à son ivrognerie, à ces scènes conjugales qui ébranlaient les minces parois de leur appartement de fonction, à l'hôtel Brighton.

Un dimanche après-midi, Win courut s'enfermer dans la salle de bains où il demeura jusque tard dans la soirée. Wallis était bien trop orgueilleuse pour le supplier de sortir de sa tanière. Elle attendit. Enfin, la clé tourna dans la serrure. Elle ne broncha pas. Elle ne se précipita pas contre la porte. Quand elle s'y décida, Win dormait d'un lourd sommeil au milieu des draps. Elle dressa son lit sur un canapé, et le matin, dès que Win se fut rendu à son bureau, elle alla raconter la mésaventure à sa mère qui habitait alors Washington.

Si Wallis avait déserté le domicile conjugal et inclinait au divorce, ce n'était pas uniquement parce qu'elle ne pouvait plus vivre avec Win, mais aussi parce qu'elle pressentait qu'elle était un poids pour lui, que sa présence excitait ses inhibitions fondamentales. En s'effaçant, elle le délivrerait peut-être. Naturellement, sa mère ne comprit pas ces subtilités psychologiques.

Un divorce chez les Montague ! Impensable ! Inadmissible ! La tante Bessie surenchérit : pas de divorce chez nous ! Wallis avait-elle de l'argent ? Qui l'entretiendrait ? Certainement pas l'oncle Salomon ! Sur ce plan, les Warfield étaient aussi intraitables que les Montague. Pourtant, lorsque Wallis ouvrit son cœur blessé par l'inconduite, l'irascibilité de Win à sa mère, celle-ci changea d'attitude. Pourquoi pas une simple séparation ? Les apparences seraient sauves ! Mais Wallis se récria contre cette demi-mesure hypocrite qui lui interdirait à elle, et à Win, toute liberté.

Restait à affronter l'oncle Salomon enfermé à Baltimore dans son Temple.

— Je vous interdis de salir notre nom ! tonna-t-il en lui rappelant que depuis 1662 — si ses souvenirs étaient exacts — aucun Warfield n'avait commis pareille ignominie. Qu'elle se réconcilie avec Win et rentre à Washington. Que ce soit chez les Warfield ou chez les Montague, personne ne se souciait des sentiments personnels de Wallis, de sa douleur. Une seule chose importait : « Que diront les gens ? » Tout était lié à la tyrannie implacable de l'opinion publique.

Quinze jours après cette « tournée diplomatique » infructueuse, Wallis sautait le pas. Win supporta le choc crânement.

— Je n'ai que ce que je mérite, Wallis. Mais si jamais vous changiez d'avis, n'oubliez pas que je suis toujours là.

Wallis demanda l'hospitalité à sa mère qui s'inquiéta :

— Es-tu certaine de toi ?

— Jusqu'à présent, je doutais de moi. Plus maintenant, répondit Wallis.

Wallis emménagea chez sa mère et écrivit à son oncle qui l'informa qu'il ne desserrerait pas les cordons de sa bourse pour une divorcée.

Wallis n'avait plus de foyer légal, mais ne s'ennuyait pas. Washington bruissait de réceptions, fêtes, on croisait Wallis au bras de diplomates étrangers. Don Felipe Espil, le premier secrétaire de l'ambassade d'Argentine, avait toutes ses préférences. Trente-cinq ans, une silhouette élégante, il n'avait contre lui que le fait d'être catholique et de représenter un État catholique. Il n'y aurait entre eux qu'une franche amitié que Wallis aurait souhaité transformer en amour, même si elle nous assure du contraire dans ses *Mémoires*. Idylle ou pas idylle, Madame Mère fronça à nouveau les sourcils et Wallis refit ses valises pour s'installer dans une petite maison qu'elle partageait avec une autre femme d'officier.

A Washington, on prisait fort les déjeuners organisés par l'association des « Soixante Gourmets » dont les membres se réunissaient une fois par semaine avec une invitée de leur choix. C'est à cette occasion que Wallis commença à apprécier la cuisine française. En ce temps-là, les Américains n'avaient pas découvert les vins et les fromages français et les restaurants de Washington n'auraient pas mérité une fourchette ! Il fallut donc beaucoup d'intelligence et d'entêtement aux « Soixante Gourmets » pour persuader les maîtres queux de l'hôtel Hamilton, où se déroulaient les fameux déjeuners, de mettre un peu plus de finesse et d'invention dans leurs sauces...

Wallis était populaire. Lord Colyton, le troisième secrétaire de l'ambassade de Grande-Bretagne, avoue :

— Je l'ai bien connue, nous n'étions pas intimes, mais elle me plaisait.

La cousine de Wallis, Corinne Mustin, allait oublier à Paris son veuvage. Pourquoi Wallis ne serait-elle pas du voyage ? Wallis se précipita à New York chez l'oncle Salomon : son appartement entièrement tapissé de photos d'actrices et de chanteuses la stupéfia. Quel cachottier, cet oncle Salomon ! Un vrai puritain ! L'oncle Salomon grogna : qu'allait-elle faire à Paris avec Corinne ? mais glissa dans sa main une poignée de billets de banque. Quand elle ouvrit les doigts dans le taxi qui l'emportait, Wallis compta cinq coupures de cent dollars craquantes de neuf. Une fortune !

La traversée à bord d'une méchante coque de noix fut houleuse, mais Paris attendait Wallis, le Paris des Années folles, le Paris des amis qui se pressaient autour des deux Américaines. Mais où en était la procédure de divorce ? L'avocat consulté par Wallis avait d'énormes prétentions : Wallis ne trouverait jamais les quelques milliers de dollars qu'il réclamait pour conclure l'affaire. D'autre part, Win, qui envoyait à Wallis de longues et fréquentes lettres, l'informait qu'il bouclait ses malles pour l'Extrême-Orient. « Suivez-moi là-bas, suppliait-il, je vous retiendrai une cabine sur un bateau. Le gouvernement des États-Unis assurera tous vos frais. Vous êtes toujours l'épouse d'un officier. » Wallis était tentée : ce périple briserait sa solitude, elle allait voir la Chine, et peut-être, ressouder son mariage.

La mère de Wallis resta pétrifiée : décidément, sa fille était étonnante ! Mais, enfin, et puisqu'elle était disposée à renouer avec son mari... Le 17 juillet 1924, Wallis embarquait sur le *USS Chaumont,* pour une lente « croisière » de six semaines qui la mena jusqu'aux Philippines où elle prit le *Empress of Canada* qui appareillait pour Hong Kong. Sur l'embarcadère se tenait un Win aimable, prévenant, en forme. Bref interlude : Win n'avait pas renoncé à la boisson.

— C'est plus fort que moi, je suis comme un avion dont on ne peut contrôler la direction, soupirait-il.

Lorsque Wallis se plaignit de douleurs aux reins, il la soigna avec un rare dévouement, mais... mais il buvait, mais son humeur était capricieuse, mais il était jaloux, mais leur ménage était un enfer !

— Nous avons échoué, admit Wallis, je vais demander le divorce au représentant de la justice américaine à Shanghai.

— Pensacola, Boston, Coronado, Washington, et maintenant, Hong Kong ! Nous avons fait beaucoup de chemin pour arriver à ce résultat navrant !, lui répondit sombrement Win.

Leur union, traversée de hauts et de bas, de disputes et de

réconciliations, avait duré huit ans. Wallis avait vingt-huit ans. C'était une femme indépendante, mais pas insensible, attentive aux autres, intelligente, pleine d'esprit, dont la gaieté, la vivacité illuminaient les salons. Elle n'était pas particulièrement belle, ni même jolie, mais on remarquait son élégante silhouette, on vantait son chic. Elle appréciait la bonne chère, mais picorait comme un oiseau, préservant ainsi contre vents et marées une minceur alors tellement convoitée. Elle était fascinée par ses semblables, mais ne « tirait » jamais la couverture à elle et faisait du plus falot de ses interlocuteurs une merveille d'humour. Au fil des années, cette qualité rare, ce don du Ciel exceptionnel allait grandir et contribuer à sa gloire.

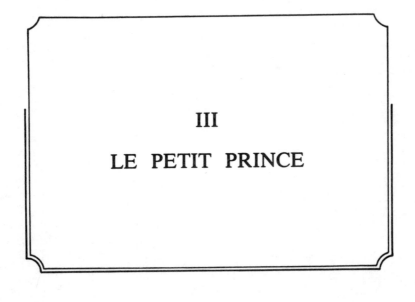

III

LE PETIT PRINCE

« La mort n'a pas de prise sur l'amour. Rien ne se perd, et celui qui a beaucoup semé récoltera beau-
                                          Édith SITWELL.

Baltimore s'accrochait farouchement à ses préceptes puritains, mais savait parfois relâcher les rênes. Il n'en était pas de même dans les vieilles cours royales d'Europe. L'amour-passion y était ignoré et les mariages de raison monnaie courante. Ces unions soigneusement préparées ne faisaient pas forcément le malheur des conjoints. On s'habituait l'un à l'autre, on se supportait, on finissait peut-être même par s'aimer. Ainsi en fut-il pour le prince George de Galles, duc d'York, et la princesse May de Teck. Aucun mariage ne fut aussi consciencieusement arrangé, « programmé » que celui-là.

La « grand-mère » de l'Europe, Victoria, régnait. La veuve inconsolable du prince Albert faisait et défaisait les familles. En cette fin de XIXe siècle, elle n'avait de cesse que de trouver une épouse idéale au fils aîné du prince de Galles, Albert Victor, duc de Clarence et héritier présomptif du trône. Lorsqu'elle invita la princesse May de Teck, et son frère Adolphus, à Balmoral, on commença à se douter de quelque chose. Mary Adelaide, duchesse de Teck, et cousine de Victoria, exultait. Aussi populaire parmi le peuple britannique qu'elle était énorme, la mère de la jeune May touchait au but : sa fille serait un jour reine d'Angleterre ! Des

princes allemands avaient aspiré à sa main, mais il y avait cette
« tache » honteuse..., la naissance « illégale », la « bâtardise »
morganatique du duc de Teck qui, comme May, n'avait droit qu'au
titre d'Altesse Sérénissime alors qu'elle était une Altesse Royale !
Victoria n'avait eu de merci ni pour le père ni pour la fille !

Le duc de Clarence, que l'on appelait en famille Eddy, était léger,
indolent et insouciant. Contrairement à la princesse May et à son
père (le futur Édouard VII), on avait négligé son éducation. Livré à
lui-même, le jeune prince s'était entiché de la princesse Hélène
d'Orléans. Elle était catholique ? Il renoncerait à ses droits au trône
en faveur de son frère, le prince George. Il n'y eut pas de suites à ces
« incongruités » de mauvais aloi et le prince — cela lui arrivait
régulièrement deux fois par mois — déclara sa flamme à une autre
femme et plongea à nouveau les siens dans l'angoisse. La princesse
May parviendrait peut-être, du moins, espérait-on, à doucher les
enthousiasmes et les foucades amoureuses de ce cœur d'artichaut.

Après le départ des Teck de Balmoral, la reine Victoria écrit à sa
fille, l'impératrice Frederica : « Pendant ces dix jours, May, Dolly
Teck et moi-même, ne nous sommes pratiquement pas quittées, et
cependant, j'aurais souhaité les retenir plus longtemps pour mieux
les connaître. May est délicieuse, calme, mais toujours gaie, ses
manières sont exquises et elle est très sensible. Et puis, elle a
beaucoup embelli. » La réponse de l'impératrice montre qu'elle
n'est nullement convaincue des qualités de la jeune princesse : « Je
me réjouis sincèrement de tout ce que vous me dites à propos de
May et Dolly Teck. Mais Eddy a-t-il envie d'épouser May ? La
rumeur publique prétend qu'elle est insignifiante, un petit peu
« oberflächlich » (superficielle). »

Nouvelle lettre de Victoria à sa fille : « Je prie le Ciel pour
qu'Eddy épouse May..., et laissez-moi vous dire qu'elle est tout sauf
« oberflächlich ». Et à la mère de May : « Quelle joie d'avoir été si
proches de May et de Dolly..., en une époque où le laisser-aller est
de mise, leurs façons sont un régal. May est vraiment une
charmante, une délicieuse enfant. »

Ces paroles coulèrent comme du miel sur l'âme du duc et de la
duchesse de Teck. Hélas, leur joie fut assombrie par la lettre que le
prince de Galles, père du futur, envoya à sa mère, la reine : « Je
comprends votre hâte à vouloir conclure ce mariage, mais nous

estimons qu'il ne faut pas brusquer les choses. D'autant plus que May et ses parents seront à Sandringham après Noël. »

Pourtant, le prince Eddy devança les sages conseils de son père : dans la soirée du 3 décembre 1891, au cours d'une réunion à la campagne, il entraîna la princesse May dans le boudoir de la maîtresse de maison et se déclara officiellement. La famille royale, les Teck, et toute la Grande-Bretagne applaudirent à l'heureux « avènement » et le chemin de la princesse May, de la gare de Saint-Pancras à sa résidence, retentit des bravos et des cris enthousiastes des badauds.

Mais le Destin veillait. A quelques jours du Nouvel An, en janvier 1892, le prince Eddy contracta un mauvais rhume qui, compte tenu de la faiblesse de sa constitution, dégénéra en inflammation pulmonaire et en pneumonie. Les sommités médicales affluèrent à Sandringham. Sa mère ne quittait plus la petite chambre où son fils se débattait contre la fièvre, assise à son chevet, elle serrait sa main dans la sienne, éventait son front ruisselant de sueur, guettait son discours délirant. La princesse May était là aussi, partageant une chaise avec « Harry », la princesse Maud de Galles. Eddy mourut à l'aube du 14 janvier.

Le défunt ne laissait derrière lui que des regrets. « Il était si bon ! », dit la princesse Hélène à Victoria. Il était bon, il était séduisant, mais son caractère indécis et influençable en aurait-il fait un grand roi ? L'émotivité de la princesse May l'aurait-il soutenue ? Toutefois, le prince était mort et personne n'osait émettre semblables restrictions. Le pays tout entier était anéanti par la tragédie, d'Europe parvenaient à Sandrigham des centaines de lettres, télégrammes de condoléances. « ... Un drame atroce, notait la reine Victoria dans l'une de ses lettres, de malheureux parents cruellement frappés par le destin. Et que dire de la jeune et infortunée fiancée ! » Dans les rues de Londres, on chantait ce refrain populaire :

> *Aujourd'hui, la nation en vêtements de deuil*
> *Verse d'amères larmes*
> *Pour le noble duc de Clarence*
> *Et la jolie princesse May*

Tandis que le prince Eddy luttait contre la mort, le duc de Teck s'était livré à certaines déclarations intempestives qui avaient indisposé son entourage. « Il nous faut un tsarévitch », grommelait-il à longueur de journée. Tout cela parce que la sœur de la princesse de Galles, la princesse Dagmar, avait été fiancée au tsarévitch Nicolas, héritier de la couronne impériale russe. Un an après sa disparition, Dagmar épousait son frère Alexandre. La Grande-Bretagne allait-elle imiter la Russie ?

Le prince George, frère du prince Eddy, reçut des mains de la reine Victoria le titre de duc d'York, ce qui le plaçait en ligne directe sur les marches de la succession, et la question du mariage revint sur le tapis. Victoria était très attachée à George dont elle louait « la gentillesse, la sensibilité, le bon sens », vertus essentielles mais qui ne dissipaient pas certaines ombres : les enfants de Galles n'étaient pas bien portants (1). George avait même manqué succomber à la typhoïde. Victoria se remit à consulter fébrilement la liste des prétendantes, mais dans le secret de son âme, elle espérait toujours que May serait la future reine consorte de Grande-Bretagne.

En mai 1893, le duc d'York tenta sa chance. May avait une trop haute conception du devoir, des ambitions de sa mère pour laisser ses sentiments intimes l'emporter sur la raison d'État. Eût-elle été totalement indifférente à George, elle se serait inclinée. Mais la fin tragique d'Eddy l'avait rapprochée du duc d'York. Était-ce l'impératif de la fonction, était-ce peut-être de l'amour ? May n'a sans doute jamais résolu cette ambiguïté. En juillet 1893, elle était mariée. La presse fit ses choux gras de l'événement et fit vibrer la corde romantique en prétendant que l'idylle de la princesse May et du duc d'York ne datait pas d'hier. Les lettres qu'échangèrent les fiancés contiennent en effet le mot « amour ». Leur couple allait devenir un symbole de fidélité, de constance conjugales. Pourtant, les royales fiançailles ne furent pas toujours approuvées. L'impératrice Frederica confiait à sa fille : « Je suis très perplexe quant à l'issue de ce mariage. »

(1) Ce souci pour la santé des enfants de Galles, la reine Victoria l'exprime dans une lettre à la princesse royale de Prusse : « Mon cœur se brise à la vue de ces pauvres petites choses qu'un souffle d'air renverserait ! Ils sont tous plus faibles les uns que les autres. C'est une misère de ne rien pouvoir pour ces anges sans forces..., le cher Papa (le prince consort) n'y aurait pas résisté. » La reine Victoria se piquait de génétique, comme le prince consort qui aurait souhaité moins de blonds dans la famille royale. Mais la princesse May avait des cheveux blonds et des yeux bleus, seul le duc de Teck tranchait sur cette pâleur, en raison de lointaines ascendances hongroises

Le jeune couple se réfugia à York Cottage, une modeste petite demeure campagnarde de Sandringham, qui n'était au dire de quelques-uns qu'une « villa de deux sous », « une cabane à lapins aménagée ». Le prince George n'avait pas attendu sa femme pour meubler la maison : il avait dressé une liste qu'il avait envoyée à la célèbre firme Maple. York Cottage était minuscule, peu commode, mais le duc d'York — comme les siens — aimait tout ce qui était « cosy », « confortable ».

La reine Victoria critiqua vertement la décision des époux qui, selon elle, auraient dû s'installer à Sandringham où ils auraient pu ainsi perpétrer le souvenir de la mort d'Eddy. « Je regrette, écrit-elle à sa fille aînée, que George et May se soient rendus de Sandringham au Cottage. Un geste fâcheux et bien triste. »

Le 23 juin 1894, naissait à White Lodge, Richmond Park, la résidence des Teck, leur premier fils, le futur duc de Windsor. Le duc d'York note dans son journal : « Un adorable petit garçon nous est né à 10 heures. M. Asquith (le secrétaire d'État) est venu le voir. » L'enfant reçut les prénoms d'Édouard Albert Christian George André Patrick David. La reine Victoria eût été naturellement ravie qu'on appelât le bébé Albert, mais les York furent intraitables. Il serait Édouard, commémorant ainsi le court passage sur terre du « cher Eddy ». « Vous vous trompez, protesta Victoria, le prénom d'Eddy n'était pas Édouard, mais Albert Victor ! Papa a bien insisté là-dessus. » Infortunée Victoria ! Et ingrats enfants qui la privaient du bonheur d'admirer un jour un Albert, roi de Grande-Bretagne ! Édouard VII et George VI portaient le prénom d'Albert, mais une fois couronnés, ils abandonnèrent ce vocable (1).

La photo de baptême d'Édouard (la reine Victoria tient « le mignon bébé » sur ses genoux) réunit quatre générations, quatre monarques. Dans le tumulte des célébrations, le député socialiste d'Écosse, Keir Hardie, salua en ces termes à la Chambre des Communes, la venue d'Édouard : « Dès son plus tendre âge, cet enfant ne connaîtra que flatteries et flagorneries, on lui apprendra qu'il est un être supérieur, qu'il domine le monde. Il sera coupé du

(1) L'auteur a demandé au duc de Windsor de quelle façon on prononçait « Bertie » dans sa famille. Disait-on « Bartie », surnom de « Bertie », rimant avec « Gertie » ? Après un temps de réflexion, le duc de Windsor s'écria : « Ni l'un, ni l'autre, on disait « Bairty ». *Sehr deutsch !* » Ceci s'adressant à son grand-père.

peuple sur lequel il régnera un jour. Comme il se doit, on lui fera faire le tour de la terre, on parlera sous cape de rumeurs de mariage morganatique, et à qui présentera-t-on la note ? A nous, le peuple ! »

« Quelle fabuleuse intuition ! », s'exclama cinquante ans plus tard le duc de Windsor.

La famille des York s'agrandit de cinq membres supplémentaires, mais la « vedette » du clan resta le prince Édouard David. On ne bougea pas de la « cabane à lapins » de York Cottage d'où partaient Papa et Maman pour Londres, ou pour un lointain périple officiel au-delà des mers. Mais, et même lorsqu'elle se trouvait à York Cottage, la duchesse d'York semblait se désintéresser de sa progéniture. Écoutons la tante du duc, l'impératrice Frederick : « Cet instinct maternel, qui me paraît si naturel, je ne crois pas que May le possède. Elle est..., froide, raide. Je l'aime bien, je sais qu'elle forme avec George un couple parfait, mais..., est-elle vraiment intelligente ? » L'impératrice module plus loin son jugement : « Elle ne commettra jamais aucune erreur. »

La reine Alexandra et la duchesse de Teck avaient hérité de leurs mères une spontanéité frémissante à laquelle les York opposaient une réserve, une dignité réfrigérantes. La duchesse d'York ne se risqua jamais à une confidence, à un mouvement passionné envers son fils aîné. Mais l'époque n'était pas à la tendresse, à la promiscuité avec les parents : les « nannies », les nurses se chargeaient des enfants qui ne rencontraient leurs géniteurs qu'après la cérémonie du thé. Mais la nurse d'Édouard était-elle obligée de pincer l'enfant jusqu'au sang lorsqu'on le menait au salon pour l'emmener plus vite, en larmes, hors de la présence de ses parents ? La duchesse d'York finit par découvrir le pot aux roses et chassa la matrone. Mais que de problèmes à York Cottage ! La maison était si petite que quand quelqu'un demanda au duc d'York où dormaient les domestiques, celui-ci répondit : « Dans les arbres ! » L'une des dames d'honneur de la duchesse, Lady Airlie, avait été logée dans une chambre aussi large qu'une armoire. Elle détestait la tristesse cafardeuse des quartiers réservés aux enfants, avouait que les rapports de la duchesse d'York avec ses enfants étaient extrêmement compliqués, voire tragiques.

Tout ce que l'on peut dire à la décharge de la future reine Mary, c'est qu'elle fut plus proche de son fils que ne le fut le Kaiser

Guillaume II de sa mère l'impératrice Frederica, qu'il désavoua, rejeta sans vergogne.

Le prince Albert avait tenté (mais en vain) de meubler la cervelle de son fils, Édouard. Le duc d'York adopta la méthode inverse. Un précepteur se chargea de l'instruction des garçons jusqu'à leur engagement dans la marine, où ils apprendraient, à la dure, les réalités de l'existence. La sécheresse d'âme, la froideur ne se commandent pas. Même chez ceux qui vous ont donné la vie. Mais des parents qui refusent à leurs enfants le savoir ! qui se moquent de former un futur roi ! Lorsque Édouard fut inscrit à Oxford, son niveau était lamentablement bas. Autre point très important à retenir : si Édouard avait bénéficié d'une plus grande attention psychologique et intellectuelle, le cours de sa destinée n'aurait-il pas été modifié du tout au tout ?

Mais il y avait à York Cottage de merveilleuses parenthèses : les escapades à Buckhingham Palace, les conversations avec grand-père et grand-mère, les gâteries des nobles messieurs et des belles dames de la cour... De retour à York Cottage, ce n'était que gronderies, paroles peu amènes déversées par le duc d'York furieux du retard de ses enfants, et Édouard songeait, peut-être un peu amèrement, que la vérité était ailleurs. Et certainement pas dans cette atmosphère pesante, ces reproches. Les princes, les rois constitutionnels sont les obligés de l'État, et ce n'est pas toujours drôle, mais pour travailler avec enthousiasme et sérieux, ne faut-il ouvrir de temps à autre la fenêtre afin de contempler le ciel bleu ? Tous les princes, tous les rois s'amusaient. Le roi George V était un chasseur d'élite, il adorait naviguer à bord de son voilier. A Londres, il consacrait des heures et des heures à sa collection de timbres (1).

La fougue d'Édouard ne pouvait cependant pas lutter contre la tradition : depuis deux cents ans, les souverains de la maison de Hanovre méprisaient les héritiers du trône. La reine Victoria haïssait son fils, Édouard VII, l'homme à femmes, le bon vivant. Une haine qui ne se démentit pas.

Lorsque George V monte sur le trône, Édouard a seize ans. Il subit sans se rebeller l'irascibilité de son père. Il accepte docilement la jalousie qu'éprouve un homme vieillissant pour un adolescent

_____

(1) Détail rapporté à l'auteur par l'un des courtiers du duc.

dont la beauté, l'allure conquérante sont publiquement remarquées. Il se plie à ses responsabilités et aux désavantages de sa condition d'aîné... ne serait-ce que recevoir plus de corrections que ses frères et sœurs. Livré à lui-même, il évoque l'exemple de cette autre « victime », Frédéric le Grand. Lui aussi était « martyrisé » par son père, mais du moins avait-il sa mère et sa sœur. Ils profitaient des absences de leur terrible père pour rire, se divertir. Le prince Bertie et la princesse Mary l'ont-ils aidé ? La reine Mary s'est-elle départie de sa souveraineté pour se moquer gentiment de son mari ? La réponse est non.

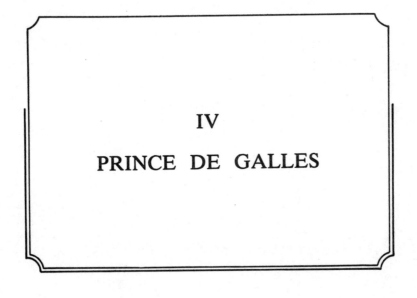

IV

PRINCE DE GALLES

> « *Les cours et les champs de bataille sont les seuls endroits où l'on apprend la vie.* »
>
> Lord CHESTERFIELD

En 1910, le nouveau roi d'Angleterre, George V, conféra à son fils, le prince Édouard, le titre de prince de Galles, qui allait l'accompagner pendant vingt-cinq ans. Lloyd George prit toutes les dispositions pour la cérémonie solennelle à Caernarvon que le prince appréhendait tant. Ces simagrées étaient démodées, anachroniques, et que diraient ses camarades, les cadets de la marine, lorsqu'ils le verraient s'avancer dans son costume d'opérette ? Aucun doute, ils ricaneraient. Le roi fut inflexible, mais, une fois n'est pas coutume, la reine Mary essaya de consoler son fils.

— Il arrive, lui dit-elle, que les princes aient à accomplir de bizarres choses, mais le peuple ne se trompe pas : il sait que ce n'est pas leur faute.

« Le spectacle était magnifique et très coloré, écrivit-elle par la suite, pas un faux pas. Quant à David, il a fait la meilleure impression dans son manteau de pourpre et de petit-gris, le front ceint d'un cercle d'or. La chaleur était atroce. »

Lloyd George avait dirigé le prince et lui avait appris quelques mots de gallic, dont cette phrase : « Le pays de Galles tout entier est un océan de chansons. » Ces séances de travail rapprochèrent les deux hommes. Lloyd George, qui admirait le prince, devint l'un de ses hommes liges, comme le secrétaire d'État, Winston Churchill, qui se trouvait lui aussi à Caernarvon.

Quoique de petite taille, le prince était beau. Mais la reine Mary se désolait de ses goûts qui l'entraînaient à cette « action désordonnée » qu'elle désapprouvait de tout son être. Que serait son avenir ? Un jour qu'elle se promenait avec Lord Esher au bord de la rivière, dans le parc du château royal de Balmoral, elle laissa éclater son inquiétude et ils étudièrent le caractère du prince, son éducation, ses points faibles...

Lord Esher promit de rédiger un mémorandum relatif à l'éducation d'un prince.

Le roi George retira le prince de Galles de son académie militaire et l'expédia en France potasser la langue. Sans résultat ; Édouard était plus doué pour l'allemand. D'ailleurs, la plupart de ses nombreux cousins n'étaient-ils pas allemands ? Cette année-là, il eut souvent l'occasion de prouver ses talents linguistiques. Mais le précepteur des enfants royaux, M. Hansell, réussit à convaincre le roi de l'urgence d'envoyer le prince à Oxford, où il le suivit à Magdalen. La tante de la reine Mary, la grande-duchesse Augusta de Mecklenburg-Strelitz s'indigna : un prince à Oxford ! un prince-étudiant ! les bornes de la « modernité » démocratique ne connaissaient plus de limites ! Et qu'avait-il besoin de ce précepteur de malheur ! L'équipage princier comportait aussi un écuyer, le major Cadogan, qui remplit spécifiquement les attributs de sa charge : faire du prince de Galles un cavalier émérite. Flanqué de son valet de chambre, Édouard se passionna pour la chasse au renard. La vérité oblige à dire qu'il montra beaucoup moins de zèle pour les études, mais il noua, à Oxford, des relations fort utiles à sa formation :

« Je dois tout aux rapports humains, avouait-il, et certainement pas aux vieux grimoires. »

A l'automne 1913 — il était à Oxford depuis déjà deux ans —, Édouard fut appelé à Windsor : l'héritier de la couronne impériale d'Autriche-Hongrie, l'archiduc François-Ferdinand, accompagné de son épouse morganatique, la duchesse de Hohenberg, avait été invité par le roi à démontrer ses talents de chasseur. Date fut prise pour l'automne 1914 : la partie de chasse organisée par l'archiduc inclurait, cette fois, l'empereur d'Allemagne, Guillaume II. Mais sept mois plus tard, la bombe d'un anarchiste éclatait dans la voiture du couple princier pénétrant dans Sarajevo et les chasseurs se préparaient à une autre tragique et sanglante battue.

Ces allées et venues lassaient le prince de Galles. Ainsi pour le banquet offert au roi et à·la reine de Danemark :

« Je donnais le bras à grand-mère. Nous sommes restés debout dans la salle des tableaux jusqu'à 11 h 15, à nous entretenir avec chacun. Ces visites officielles, quelle bêtise, quelle perte d'énergie, de temps et d'argent ! Ce genre de manifestation irréelle me laisse sans voix. »

Cet été-là, le prince fêta son vingtième anniversaire. Il était de tous les bals animant la saison de Londres. Il avait surmonté sa timidité :

« J'étais fou de danse, de sorties…, il m'arrivait de ne dormir que huit heures en trois jours ! »

Mais chaque matin, il se rendait ponctuellement à la caserne du 1er Life Guards où il servait alors.

L'attentat de Sarajevo, le 28 juin 1914, avait plongé l'Europe dans la stupeur et la crainte d'un conflit mondial, mais à Londres on se bouchait les oreilles. La vie insouciante, brillante continuait. A la fin de juillet, les yeux se dessillèrent, on ne se faisait plus d'illusions sur les conséquences de cet « acte de vilenie » (1). Une époque s'achevait. Le prince Henri de Prusse, cousin germain du roi, se présenta à Buckingham avant de rallier son pays :

« Nous venions d'assister au service divin, écrit Édouard, lorsqu'il arriva ? Nous échangeâmes une cordiale poignée de main. Je me souvins alors des heureux moments à Hemmelmark, l'année précédente. L'amour du prince pour l'Angleterre lui faisait redouter l'horrible éventualité d'un affrontement entre les deux nations. Il ne se trompait pas. Nous nous séparâmes à tout jamais. »

Le 4 août 1914, la déclaration de guerre déclencha des mouvements de foule impressionnants autour du palais de Buckingham. Sous les cris, les hourras, le roi et la reine se montrèrent au balcon et reçurent une fervente ovation de leurs sujets. On était confiant : les soldats seraient de retour à Noël. La guerre ne durerait pas. On évoquait l'exemple de la guerre franco-prussienne de 1870. Mais aujourd'hui, la France avait une armée bien entraînée (le service militaire obligatoire avait été porté à trois ans), modernisée Elle

(1) Le mot est du prince.

était en position de force, prête à se venger des humiliantes défaites d'hier. Personne ne prévoyait les tranchées, l'holocauste dérisoire de centaines de milliers d'hommes pour dix mètres de boue. Au soir de cette journée de fièvre qu'il avait suivie de près, le prince écrivait :

« Je ne me suis endormi qu'à 1 heure 30 du matin, bercé par l'épouvantable vacarme de la rue. Les dés sont jetés ; que Dieu protège la flotte ! »

Édouard piaffait d'impatience : il voulait un poste de première ligne dans les grenadiers.

« Cher Papa a immédiatement dit « oui » et chargé Lord Stamfordham de faire le nécessaire auprès du ministère de la Guerre. Quelle joie ! je suis officier ! je vais quitter ce maudit palais où je n'ai que de mauvais souvenirs, je vais me battre ! »

Mais il y avait loin de la coupe aux lèvres. Consigné à la caserne de Warley, dans l'Essex, soumis à un entraînement draconien, le prince, de retour à Londres, ne put partager le sort des hommes dépêchés, à la mi-septembre, en France.

« Un coup mortel pour mon orgueil. »

Mais face au roi, il eut encore assez de courage pour dissimuler son amertume :

— Lord Kitchener estime que votre place n'est pas actuellement en France, admit George V.

Édouard relança Kitchener :

— Qu'importe que je sois tué, j'ai quatre frères.

— Et si les Allemands vous faisaient prisonnier ? rétorqua Kitchener.

De nombreux amis du prince avaient été tués dès le début des hostilités. Et parmi ceux-ci, son écuyer, le major Cadogan. « La liste s'allonge de plus en plus. Bientôt, je serai seul », note-t-il dans son journal. Ses missions à l'étranger, pour quelque réunion d'état-major, ne remplissaient pas le vide de ces interminables journées. Lord Stamfordham avait de l'influence sur le roi, il devait le convaincre de lui permettre de monter au front.

« Mon malheureux régiment du 1er bataillon a perdu sept officiers, sept autres ont été grièvement blessés, et je suis toujours là (1). »

_____

(1) A Lord Stamfordham.

« Imaginez ma situation, ma tristesse, l'Europe à feu et à sang, mes compatriotes dans la tourmente, et moi, réduit au rôle de spectateur impassible... Je ne sais rien faire en dehors du métier des armes..., c'est triste, mais c'est ainsi, ma seule fonction ici-bas tient dans ce titre : Prince de Galles... Pardon de vous importuner avec ces broutilles, mais c'est plus fort que moi, j'ai besoin de vous, qui avez été si compréhensif à mon égard (1). »

En octobre 1915, le prince fut affecté à l'état-major du commandant de la division de la Garde, le major-général Lord Cavan, et fut enfin à même de humer l'odeur de la poudre. Mais la mort de son chauffeur lui valut une lettre de Lord Stamfordham qui l'avertissait que le roi avait laissé Lord Cavan décider de la date et du lieu de son envoi au front.

« Vous si attentif aux autres, concevez quel fardeau incombe à Lord Cavan : il est responsable de votre sécurité, de votre vie, qui sont chères à votre pays. Sans doute, est-il inhumain d'exiger cela d'une nature aussi entreprenante que la vôtre, mais, Altesse, je vous supplie de lui faciliter la tâche. »

Lord Stamfordham rédigea ces lignes alors qu'il venait d'apprendre la mort de son fils au champ d'honneur.

Au lendemain de la bataille de Loos, le prince reçut le roi. Celui-ci montait un cheval très doux et spécialement entraîné aux mouvements de foule, au dire de son propriétaire, le général Haig. Mais lorsque s'éleva le « Triple hourra pour Sa Majesté le roi », le cheval du souverain s'emballa, écrasant sous lui son cavalier, que l'on releva avec le bassin brisé.

En 1916, le prince était en Égypte, à Khartoum. Le souvenir du général « chinois » Gordon y était toujours vivace. Le prince rappela qu'enfant, à Windsor, il avait souvent feuilleté les pages de la Bible de Gordon, que l'on avait retrouvée sur son corps mutilé par les lances des féroces Fuzzy-Wuzzy investissant la résidence du fabuleux général, qu'il défendit marche après marche.

Ses déplacements le confrontaient à des individus de toute classe et de toutes origines, mais quoique reconnaissant l'importance de ces inestimables contacts, il ne cessait de pester contre son sort :

« Oh, me battre aux côtés de ces valeureux garçons ! Ne plus être

_____
(1) A Lord Stamfordham.

un « embusqué » s'agitant en de piètres actions ! Faire le don de soi-même... Quelle mort exemplaire ! »

Sir Colin Coote mentionne dans ses *Mémoires* l'arrivée du prince en Italie. Coote haïssait le commandant de la division française dans laquelle il servait, un homme « irascible, un gros cochon sans éducation ». « Le prince déploya tant de charme qu'il parvint à séduire le butor de militaire qui, après le départ du prince, eut ce trait perfide bien digne du sieur : « Encourageant de constater qu'un pays comme l'Angleterre peut engendrer un homme aussi civilisé. »

Mais que pensaient du prince les « valeureux garçons » des Gardes ? Pour le savoir, référons-nous à un rapport confidentiel rédigé en mars 1916 par Lord Cavan :

« Les circonstances qui ont permis à Son Altesse Royale, le prince de Galles, de servir à mes côtés m'autorisent aux conclusions suivantes... Je dis donc, et sans aucune hésitation, que Son Altesse Royale est unanimement aimée de tout le régiment, de l'officier au simple soldat, que tous louent sa gentillesse, son désir de mettre les hommes à l'aise, et admirent son esprit entreprenant, sa volonté déterminée de faire oublier son rang et ses prérogatives.

Je me suis efforcé dans la mesure du possible de faire entrer Son Altesse Royale en contact avec la guerre, les batailles (notamment celle de Loos), la vie des tranchées... et là, j'ai jugé l'homme. Mon seul regret est qu'un officier de cette trempe et de cette qualité ne puisse pas mieux s'exprimer dans l'exercice de sa tâche.

En tant qu'officier de liaison, il a montré la rapidité de ses actions, il s'est particulièrement illustré dans l'organisation extérieure de l'intendance, on a remarqué l'excellence et la sportivité de ses méthodes en ce qui concernait le transfert des rations des camions aux trains de marchandises.

Son endurance physique et morale a été un inestimable exemple pour tous les jeunes officiers.

A la lueur de ce que je viens d'exposer, j'eusse souhaité que Son Altesse Royale reçût une « citation honorable », j'ose maintenant espérer que ces excellents états, la force de son exemple seront utilisés à l'avenir à leur juste valeur. »

Signé : Cavan, lieutenant-général du XIVe corps.

La guerre tirait en longueur sans que les deux camps en présence ne se départagent. La fin de la neutralité américaine bouleversa la conjoncture des hostilités et allait changer la face du monde. En novembre 1918, les Alliés avaient défait leurs ennemis, leur avaient imposé un armistice.

Mais en Europe, en Allemagne, en Autriche, en Russie, premier pays à lever l'étendard de la révolte, en Hongrie, les trônes vacillaient...

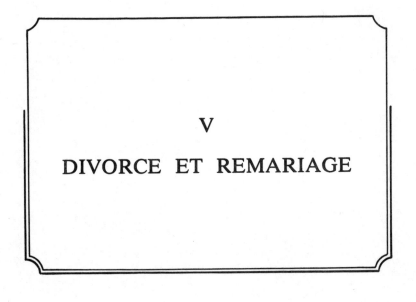

V

DIVORCE ET REMARIAGE

« Mes yeux ont plongé dans la mare du dragon où palpitent les couleurs de peuplier et le reflet mouvant du ciel. J'ai écouté les trilles sur cinq notes des rossignols égrenant leur chant insouciant. »

Ezra POUND.

A son arrivée à Shanghai, en 1924, Wallis n'y connaissait âme qui vive. Son seul lien avec la ville était une lettre d'introduction adressée à un certain « Robbie » (Harold Robinson) qui lui ouvrit les cercles les plus sélects de la société européenne, où elle creusa rapidement son trou. Win Spencer se faisait toujours tirer l'oreille pour divorcer, mais la vie à Shanghai était tellement animée ! La colonie étrangère — composée en majorité de Britanniques — se dépensait en garden-parties, courses, réunions dansantes qui ne lui laissaient pas une minute de répit. La femme d'un officier de la marine américaine suggérait-elle qu'il serait très divertissant d'aller faire son « shopping » à Pékin, Wallis s'inscrivait pour être de l'expédition. Elle bouillait d'impatience à la pensée de pénétrer dans la cité mystérieuse. Elle n'y serait pas en danger : l'un de ses amis, Louis Little, commandait le détachement de la garde de la légation américaine de Pékin. Sage précaution : la Chine était alors déchirée par une cruelle guerre civile et il ne se passait de jour sans que des hordes de bandits n'attaquent les trains... Le « raid » des deux femmes ne se fit pourtant pas. Le consul américain à Pékin menaça l'amie de Wallis de révéler son projet à la marine. En bonne citoyenne des États-Unis (« Mon mari ne me pardonnerait jamais d'avoir passé outre aux ordres du consul et d'avoir peut-être provoqué une catastrophe »), la femme de l'officier s'inclina.

Pas Wallis. Ses plans étaient arrêtés, elle avait son billet de train qui, naturellement, fut pris d'assaut par des hors-la-loi et arriva à destination avec huit heures de retard, mais elle était sauve. Informé par le consul de Tientsin de son déplacement, le colonel Little l'attendait sur le quai, la mine légèrement déconfite, mais résignée. Wallis trouva une chambre au Grand Hôtel de Pékin et commença à faire des projets..., elle allait consacrer plusieurs semaines à visiter les alentours, à flâner dans les marchés et les magasins de Pékin. Katherine Moore Bigelow, une amie de jeunesse qui avait épousé Herman Rogers, balaya toutes ces perspectives.

Cette rencontre inopinée, ces liens d'amitié renoués au bout du monde, devaient avoir d'insoupçonnables conséquences sur la destinée de Wallis.

Les Rogers insistèrent pour que Wallis s'installât dans leur maison, une vieille et agréable demeure dissimulée derrière de hauts murs, au cœur du quartier tartare. Wallis accepta à condition d'apporter sa quote-part : en ce temps-là, les dollars américains régnaient sur Pékin, où tout était pour rien, et Wallis complétait la pension versée par la marine par ses gains au poker. Elle ne perdait pas grand-chose à l'opération.

Elle y gagna surtout de merveilleux souvenirs, de paix, de bonheur, d'entente parfaite avec les Rogers. Elle ne résista pas non plus à la beauté des environs de Pékin explorés chaque jour avec ses hôtes qui l'emmenaient en voiture de la légation étrangère à un temple planté au sommet des collines de l'Ouest, obligeamment loué à un prêtre. A mi-chemin, on quittait l'auto pour grimper sur des ânes pendant que Herman Rogers, homme intelligent, cultivé, et qui avait étudié l'histoire de la Chine, lui parlait de ce pays, de son art millénaire. Les étrangers en poste à Pékin, diplomates, industriels et financiers, savaient créer une ambiance décontractée, mais Wallis retira de son séjour pékinois des impressions bien différentes que celles provoquées par d'ordinaires mondanités.

Peut-être, Georges Sebastian, un Roumain élevé en France, fut-il à l'origine de ce changement. Amoureux du détail exact, perfectionniste, la maison qu'il construisit en 1928 à Hammamet, en Tunisie, est un modèle du genre. Il veilla personnellement à la restauration de la médina, interdisant la pose de poteaux électriques (et plus tard, d'antennes de télévision), et c'est à lui que Wallis eut recours lorsque, dans les années cinquante, elle voulut une maison en Espagne. Wallis ne pouvait s'arracher à Pékin, à la Chine. Il fallait pourtant songer à regagner la mère patrie.

Acte manqué ? Regret inconscient de ces heures idylliques ? Sur le chemin de retour, Wallis tomba malade. On la débarqua à Seattle où elle fut opérée en catastrophe. Encore toute dolente, elle rallia la côte Est. A Chicago, Win Spencer fit irruption dans son wagon et voyagea avec elle jusqu'à Washington. Cette délicate attention ne contribua pas à ressouder une union définitivement morte. Ce fut la dernière entrevue de Wallis et de Win.

Chez sa mère, à Washington, Wallis découvrit que le divorce était à portée de sa main. Chaque État des États-Unis a sa propre législation. Si Wallis habitait la Virginie pendant un an, elle obtiendrait le divorce pour cause d'abandon. La procédure qui suivrait serait sans problème et peu onéreuse pour sa bourse plate. Elle « émigre » donc dans un hôtel de Warrenton ; elle a emporté un tas de bouquins qu'elle est bien décidée à potasser... Que sa solitude forcée lui profite ! Elle a envie de rentrer en elle-même. Mais Wallis est Wallis. Très rapidement, la gentry de Virginie s'annexe la jeune femme, elle est de toutes les fêtes, de tous les dîners. Adieu, les belles résolutions ! Et lorsqu'elle n'est pas happée par ce tourbillon, elle court à Washington embrasser sa mère, elle descend chez sa vieille amie Mary Kirk, Mme Raffray.

Mais elle est inquiète : comment gagner de l'argent ? Elle, si élégante, si habile à tirer parti du moindre bout de chiffon, pourquoi ne pas se lancer dans la mode ? Un magazine américain propose un concours dont la gagnante se verra offrir un poste dans son équipe rédactionnelle. Elle va courir sa chance. Elle n'est pas retenue. Découragée, elle s'imagine vendant de l'acier tubulaire pour le compte d'un homme d'affaires de Pittsburgh.

« Ce travail n'exigeait pas d'extraordinaires compétences, dit Mrs Schiller, Wallis aurait pu réussir. »

Au bout de trois semaines, Wallis baisse les bras. Elle n'est pas faite pour l'acier tubulaire.

Pour quoi, alors ?

Hésitante, déçue, elle se rapproche instinctivement de Ernest

Simpson, l'un des familiers des Raffray. Comme elle, il attend son divorce. Ils sortent ensemble. Il lui offre d'autres livres pour meubler sa retraite de Warrenton. Elle se répète les paroles de cette voyante consultée à New York : « Je vois deux nouveaux mariages », et « Vous serez célèbre ».

En 1926, sa mère, alors âgée de cinquante-six ans, se remariait avec Gordon Allen, un ressortissant de Washington. Après la cérémonie célébrée dans la plus stricte intimité, Lelia, la cousine de Wallis, profita de la fête nationale américaine (le 4 juillet) pour réunir les nouveaux époux chez elle.

« Nous sommes le 4 juillet et j'inaugure mon troisième mari », écrivit, avec son humour coutumier, la mère de Wallis sur le livre d'heures de la maison.

En 1927, Wallis sillonna l'Europe, « chaperonnée » par sa tante Bessie... Naples, Palerme, la côte dalmate, Monte-Carlo, Avignon, Arles... Wallis abandonna sa compagne qui regagnait les États-Unis pour rejoindre des amis sur le lac Majeur. En arrivant à Paris, elle apprit par le *Paris Herald* la mort de son oncle Salomon. Il était temps de rallier le pays. La fortune de l'oncle allait pour l'essentiel à des bonnes œuvres, Wallis recevant pour sa part une petite somme fort modeste.

Toujours en 1927, elle obtenait enfin le divorce. Ernest Simpson étant lui aussi libre, rien ne s'opposait plus à leur mariage. Il ne lui restait qu'à mettre un peu d'ordre dans l'entreprise familiale de fret maritime établie en Grande-Bretagne (son père était anglais) et il serait tout à elle. Cependant, Wallis hésitait à répondre « oui », elle voulait réfléchir, elle n'était pas sûre d'elle. Une fois de plus, elle chercha en Europe la réponse à ses inquiétudes. A Cannes, dans la propriété des Rogers baptisée « Lou Viei », le printemps était doux et apaisant. Elle écrivit à Ernest Simpson qu'elle consentait à l'épouser.

Comment ne pas s'étonner de la décision de Wallis ? Ainsi, elle se remariait parce qu'il n'y avait pour elle d'autre alternative. En dépit de ses efforts, elle n'avait pas su s'imposer dans le monde du travail. Elle n'avait pas d'argent, pas de foyer. Ernest Simpson n'était pas un Apollon, mais il possédait quelques atouts dont elle n'aurait pas à rougir. Il s'intéressait au mouvement des idées, il avait beaucoup voyagé, ses manières étaient courtoises, il était riche. Mais, par-dessus tout, il témoignait à Wallis une admiration sans bornes. Avec sa spontanéité, son humour, sa popularité, son abattage, elle symbolisait tout ce qu'il ne posséderait jamais. Ils se marièrent donc à la mairie de Chelsea. Wallis portait une robe jaune sous un manteau bleu acheté à Paris. A bord d'une Lagonda jaune, ils se lancèrent sur les routes de France. Ernest Simpson se sentait en France comme un poisson dans l'eau : il parlait parfaitement la langue, connaissait les meilleurs restaurants de Paris. Ils jouèrent les touristes attentifs et émerveillés par leurs découvertes commentées par Wallis qui, au dire d'Ernest Simpson, était un vrai Guide Michelin et Baedeker réunis ! Wallis fut enchantée de sa lune de miel.

A Londres, Ernest et Wallis emménagèrent dans une maison meublée louée pour un an, 12, Upper Berkeley Street. Un maître d'hôtel, une cuisinière, une femme de chambre et un chauffeur assuraient le service. Rapidement, et grâce à sa belle-sœur, Kerr Smiley, Wallis fut introduite dans un nouveau cercle mondain qui put applaudir aux talents de la jeune épousée. Contrairement à ce qui se passait alors, Wallis n'avait pas l'intention de déléguer ses pouvoirs à une cuisinière qui se chargeait généralement des commissions ou téléphonait sa commande à quelque magasin. Wallis mettait la main à la pâte, fouinait dans les épiceries, les boucheries... Mais son sang américain ne cessait de protester contre certaines coutumes britanniques des plus bizarres. Par exemple, elle n'arrivait pas à comprendre le protocole en usage à table... les Anglais ne lâchaient pas leur fourchette ni leur couteau ; on n'attendait pas que chacun eût son assiette pleine pour attaquer son repas. Comparé aux États-Unis, c'était le monde à l'envers ! Et Dieu, que ces Anglais étaient snobs ! Ils ne résistaient pas à un titre de noblesse, frémissaient d'émotion devant la famille royale, commentaient à n'en plus finir la moindre respiration du roi ou de la reine ! Incroyable ! Peut-être, pensait-elle, s'agissait-il d'une infatuation universelle. Elle dut admettre que cette passion effrénée de la généalogie, des noms à rallonge sévissait surtout dans son « milieu » et que les Simpson, qui appartenaient à la classe moyenne britannique, la pratiquaient avec un zèle, une constance aigus.

« Que la reine Mary change de manteau et toutes les femmes de Grande-Bretagne l'imitent », note-t-elle dans ses *Mémoires,* non sans un ricanement intérieur car la reine Mary resta fidèle, sa vie durant, au même style de manteau ! Mieux, la digne souveraine estima qu'elle n'avait pas à varier d'un iota du style de sa jeunesse qui, croyait-elle, était unanimement apprécié : jupes aux chevilles, cheveux frisottés, robes à la taille, toques garnies de bouquets de marguerites. Austère, mais bon chic, bon genre. Pauvre reine Mary qui ne voyait pas que les femmes avaient raccourci leurs ourlets, adopté des étoffes froufroutantes ne collant pas au corps, coupé leurs cheveux à la garçonne qu'elles serraient sous de petits et coquins chapeaux cloches...

L'hiver 1928 fut particulièrement rigoureux et le fameux brouillard londonien ne faillit pas à la tradition... Insidieuse, épaisse, alourdie des brumes de la mer et des fumées des innombrables feux de charbon, la purée de pois s'insinuait dans les maisons, forçait le rempart des fenêtres soigneusement calfeutrées. Chez les Simpson, il n'y avait pas de chauffage central, mais des cheminées fonctionnant au charbon dans chaque pièce. Les rigueurs du climat londonien attristaient Wallis, elle était sans énergie, elle avait perdu le sourire, elle s'ennuyait un peu... Ernest était si méticuleux, si tatillon ! Ah, ces séances hebdomadaires dans son bureau où il lui demandait d'apporter le livre de comptes des dépenses de la maison ! Dans le fond, songeait-elle, voici encore un trait de la « maniaquerie » britannique : on vérifie chaque penny comme on surveille à la loupe les allées et venues de Leurs Majestés dans la rubrique réservée à cet effet du *Times*. Mais aurait-elle pu soupçonner que le plus grand bonheur pour Ernest Simpson constituait à tracer de son écriture de pattes de mouche sur les pages du semainier le détail de chaque morceau de sucre, de chaque livre de merluche ? Ses « fiançailles » ne l'avaient pas préparée à cette décevante réalité qui lui fera écrire : « Aucune trace de fantaisie chez Ernest Simpson. »

Ils se préparaient à partir en vacances à l'étranger lorsque Wallis reçut un câble de sa tante Bessie : sa mère était très malade. Wallis et Ernest se hâtèrent vers Washington. La mère de Wallis qui ne connaissait pas son gendre, fut favorablement impressionnée par son réalisme, son esprit cartésien : Wallis était enfin à l'abri de tout souci. Le médecin rassura Wallis : sa mère avait encore de longues années devant elle, ces trois semaines épouvantables avaient été une alerte sans lendemain, elle pouvait maintenant fort bien quitter les États-Unis et retrouver son mari qui avait regagné Londres. Ernest accueillit Wallis à Southampton dans la splendeur de juin. Il allait lui montrer les cathédrales, les châteaux de la région, lui faire partager son amour des vieilles pierres. Le moment n'était-il pas aussi venu de s'installer ailleurs, de prendre un nouveau tournant dans leur existence ? Ils arrêtèrent leur choix sur un appartement de construction récente, Bryanston Court. Wallis était vraiment chez elle, pour la première fois, elle seule ordonnait, commandait... Elle courut les antiquaires, dénicha des merveilles et transforma des lieux sans grâce apparente en un charmant et délicieux séjour. On l'invitait beaucoup, elle reprenait ses habitudes d'antan, mais sans éprouver le même enthousiasme : les Anglais se livrent moins que les Américains. Ses amis des légations étrangères de Pékin et de Shanghai avaient plus de chaleur, ils ouvraient plus facilement leurs portes... Wallis fut brutalement rappelée aux États-Unis par un coup de fil de sa tante Bessie. Elle arriva à temps pour recueillir le dernier soupir de sa mère, le 2 novembre 1929. Elle venait de perdre l'une des rares personnes — en dehors de sa tante Bessie — qu'elle aimait.

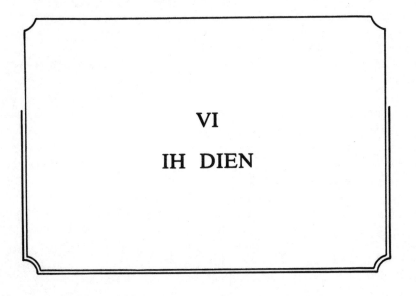

VI
IH DIEN

> « *Nos misérables petites mécaniques sont mortelles ;*
> *Elles le sont, oh oui, et s'arrêtent au jour fatal.* »
>
> TENNYSON.

Rien ne semblait faire bouger la Grande-Bretagne, pourtant, certains signes indiquaient que les choses avaient changé. La guerre était finie, le pays muait. Lord Croomer a observé cette mutation :

« Au cours de ces trois dernières années, le roi et la reine se sont dépensés sans compter au service de la patrie et du bien de leur peuple, mais il est indéniable que la position de la monarchie est bien moins stable, aujourd'hui, en 1918, qu'elle ne l'était au début de la guerre... Aucun effort, cependant, ne sera épargné pour raffermir, cimenter la Couronne. La Couronne est le lien vital entre toutes les possessions de l'Empire britannique, elle est inséparable de leur réalité. »

Lord Croomer n'était pas prophète : il ne pouvait prévoir que cinquante ans plus tard le glorieux Empire britannique ne serait qu'un rêve pour nostalgiques, et que la monarchie demeurerait, contre vents et marées, gardienne farouche des traditions de l'île qui avait régné sur une partie de l'univers.

Le roi George V avait pris conscience de cette crise, il savait aussi, aidé en cela par Lloyd George, que la popularité de son héritier contribuerait à la surmonter. Il n'était pas le seul. Lord Esher rapporte dans son journal de l'année 1915 : « La reine Mary est fière du prince de Galles. Je me suis permis de lui faire entendre que, une fois la guerre achevée, le sort des trônes connaîtrait certainement des fortunes diverses. Si cela était le cas en Grande-Bretagne, la popularité du prince de Galles pèserait alors lourd. « Les prédictions de Lord Esher se vérifièrent : après 1918, la plupart des souverains européens avaient perdu leur trône, les sentiments monarchiques de la Grande-Bretagne mollissaient. Le roi George V décida de lancer son fils dans la bataille de reconquête, de restructuration de l'Empire. Le prince de Galles devint ainsi l'un des *missi dominici* de la Couronne, au cours de voyages qui duraient parfois des mois.

Des foules enthousiastes, des banquets, des bals interminables, des inaugurations, des discours l'attendaient aux quatre coins du monde, et à chaque fois, il était le point de mire de l'assistance, des officiels. Ouvrait-il la bouche, on s'émerveillait, on se répétait, on commentait le moindre de ses mots. Ceux qui le rencontraient lui étaient présentés, s'entretenaient avec lui, étaient séduits, charmés, comme l'avait été ce rustaud de général français sur le front italien. On se pâmait devant son air juvénile, ses cheveux blonds dorés, ses yeux bleus de porcelaine et son sourire où éclataient toute sa jeunesse, toute sa vulnérabilité. Apparence trompeuse, car il tenait de sa famille un caractère bien trempé et déterminé, mais son allure d'éternel jeune homme, sa faiblesse emportaient tous les suffrages : pour des milliers d'hommes et de femmes, il était un preux chevalier, le fils qui demandait qu'on le consolât...

Cette dévotion s'accompagnait aussi de démonstrations physiques souvent violentes. Se montrait-il dans un attelage, ou dans une voiture, la foule se précipitait, on entendait des cris hystériques : « Je l'ai touché ! » Lors d'un voyage en Australie, l'un des membres de la suite du prince constate que l'enthousiasme des « fans » du prince de Galles dégénère en corps à corps. L'amiral Hasley et le prince parviennent à se dégager. Mais dans quel état ! A demi aveuglés, bleus de coups. La main droite du prince est tellement enflée qu'il faut la lui bander. Il devra se servir de la main gauche. Au Canada, même scénario, les cordons de police sont débordés, la foule se jette contre le prince qui écrira qu'on a lacéré « mon mouchoir, essayé d'arracher les boutons de mon manteau ».

A New York où il se rendait auprès d'anciens camarades de guerre, la ville lui réserve sa fameuse parade : des millions de petits morceaux de papier s'envolent au-dessus de sa tête. Perché sur la banquette arrière de sa voiture, il subit l'avalanche avec une excitation sans pareille, il « salue, lève le bras comme un acteur applaudi, ovationné par les spectateurs ». Ici aussi, on succombe à ce séducteur royal qui pousse la politesse du cœur si loin qu'il se souvient du nom de chacun, a pour tous une parole bienveillante.

La tourmente de la guerre avait balayé les petites cours germaniques ridiculisées par l'écrivain Thackeray. Les cousins allemands de la famille royale britannique s'étaient vu dépouiller de leurs titres et de leurs biens, l'Empire allemand du Kaiser était maintenant une république : où allait-on trouver une épouse protestante au prince de Galles ? Impensable de regarder du côté des nombreuses princesses allemandes. En Grande-Bretagne, dans ce pays travaillé à vif par la propagande anti-allemande, les sensibilités patriotiques n'accepteraient jamais pareille union. Alors ? Le roi et la reine s'interrogeaient, désespéraient et ne voyaient pas d'issue au problème. Celui-ci rebondit encore plus gravement lorsque le prince de Galles rentra de son tour du monde. L'un des intimes de la famille royale se risqua à aborder le sujet avec le prince qui confia à Lady Salisbury, la tante de son écuyer Bruce Ogilvy :

— Ah, Lady Salisbury ! cette pression ! Bruce et moi sommes deux célibataires endurcis. Nous ne nous marierons que si nous rencontrons l'amour.

Pour l'heure, le prince faisait le bilan de ses déplacements. Sa visite en Inde l'avait frappé, étonné. Même si son père avait tenu, avant son départ, à lui adresser un discours fort moralisateur. Ses manières démocratiques qui étaient tolérées — enfin... — dans son pays, ne le seraient pas en Inde. Ce serait une terrible faute de goût. Le roi ne s'était jamais privé de tancer l'héritier, il redoubla de mises en garde, conseils emphatiques :

« N'oubliez pas qui vous êtes. »

L'esprit plein de ces sages préceptes, le prince embarqua sur le *Renown,* avec le capitaine Ogilvy. Le bateau était confortable, doté d'un court de squash afin que le prince pût prendre quelque exercice durant la traversée. Quant au séjour indien... « Pas un jour sans que nous ne voyions tous les gouverneurs, que nous ne soyons conviés par les maharajas..., indique Bruce Ogilvy. Nous vivons un conte des Mille et une nuits. Un luxe incroyable, les plus fabuleux bijoux. » Il y eut des chasses au gros gibier, même au rhinocéros. Il y eut surtout la rencontre avec le major « Fruity » Metcalfe, le plus cher ami du prince de Galles qui fut longtemps son écuyer.

Édouard soulevait l'enthousiasme des foules et plaidait mieux que quiconque pour la bonne cause de la monarchie, mais ces équipées étaient épuisantes et ne lui laissaient pas une minute de solitude, durant laquelle il aurait pu se reprendre. Les pauses étaient rares et il en profitait pour chasser dans le Leicestershire ou danser à l'Embassy Club, ce qui déclenchait chez le roi de nouvelles colères qui se terminaient comme d'habitude par des « Faites ceci, ne faites pas cela ». Tout chez le prince de Galles déplaisait au roi. Tentait-il de s'éloigner par un imperceptible détail du conservatisme vestimentaire royal, c'était encore un rappel à l'ordre. Les gens dont ils s'entouraient étaient suspects. Le roi se couchait à 11 heures. Pourquoi son fils ne l'imitait-il pas ? Les noctambules n'ont pas de « moralité », pas de principes. Le seul mot de « night club » donnait la chair de poule au roi. Édouard VII avait été un membre assidu du Marlborough Club, mais, grâce au Ciel, il ne fonctionnait pas la nuit et était réservé aux hommes ! Son successeur n'éprouvait pas le besoin de se rendre dans un club, fût-ce de jour ! Alors, ces endroits où l'on buvait, où l'on écoutait du jazz, où les femmes étaient à demi nues ! l'enfer de tous les vices, de toutes les orgies ! Était-ce bien pour l'héritier du trône ? N'avait-il pas honte de s'exhiber dans ces lieux de perdition ?

Le roi jugeait sans savoir, peut-être aurait-il été fort surpris de constater que l'Embassy Club, qui siégeait à Bond Street, donc, au centre huppé de Londres, était un lieu respectable. Mais pour le roi, un club était un club, et Édouard avait beau se cacher, il finissait toujours par apprendre quand, à quelle heure son fils, et son frère favori, George, avaient été signalés à l'Embassy. Le roi n'avait pas le don de double vue, mais un « espion » zélé en la personne d'Evelyn. La duchesse de Devonshire (1), chef de la Garde-Robe de la reine Mary, tenait ces édifiants « cancans » de son plus jeune fils, Lord Charles Cavendish. Naturellement, les confidences faites

(1) Suspicion confirmée à l'auteur par le duc de Windsor, quelques années plus tard. La nouvelle duchesse de Devonshire, qui se trouvait là, demanda au duc de Windsor : « Mais lorsque vous étiez face à face, quelle était son attitude ? Était-elle mauvaise ? » Le duc de Windsor éclata de rire : « Mauvaise, elle ? Mielleuse comme tous les diables de l'enfer. »

à sa mère ne portaient pas à conséquence, mais sa mère courait chez la reine, qui se confiait au roi, et le prince de Galles se retrouvait du haut de ses trente ans devant le tribunal paternel !

Allons, ronchonnait le roi, le prince de Galles ne pouvait-il se contenter de fréquenter les salons de ces vieilles et nobles familles beaucoup moins dangereuses que cet Embassy Club de malheur ? Il ne lui serait pas venu à l'esprit que le prince était las de ces fêtes officielles, de ces bals guindés où il n'avait pas le droit d'échapper aux commentaires, aux intentions réglées, codifiées comme le protocole de la cour. Sa vie lui appartenait, il voulait en disposer à sa guise. Mais ses parents n'étaient pas de cet avis...

En fait, le roi et la reine menaient une existence très particulière, concentrée sur leurs seules personnes. Leur plus grand bonheur n'était-il pas de se retrouver en tête-à-tête ? Lors du mariage de la princesse Mary avec Lord Lascelles (en 1922), Bertie, nouveau duc d'York, écrivait à son frère, le prince de Galles :

« Papa et maman déplorent déjà l'absence de Mary. J'espérais vivement que cet événement les aurait incité à briser leur isolement, mais... » Mais, le roi et la reine n'auraient pas renoncé à leurs « chères » habitudes pour tout l'or du monde...

Le prince de Galles continuait donc à être critiqué, observé, remis en question : pourquoi s'acharnait-il à ces épuisantes parties de golf, pourquoi avait-il quitté cet « horrible palais » de Buckingham ? Pourquoi habitait-il York House, dans Saint James Palace ? « Un antique bâtiment édifié de bric et de broc. On se croirait dans un terrier de lapin que l'on parcourt au hasard d'interminables couloirs s'arrêtant au moment où l'on s'y attend le moins à une envolée de marches débouchant sur des chambres biscornues remplies d'un fatras de meubles victoriens du plus mauvais goût, de lits en cuivre, de portraits chancelants des rois et des reines de Grande-Bretagne. »

Dès son installation à Saint James Palace, le prince de Galles choisit deux écuyers (1), Lord Claud Hamilton, et Piers Leigh, le

---

(1) Lors d'une visite du prince de Galles aux États-Unis, l'acteur Will Rogers lui demanda en quoi consistait exactement la fonction d'écuyer. Le prince de Galles essaya de satisfaire du mieux possible la curiosité de son interlocuteur qui répliqua : « Je vois, Sir. Nous aussi, en Oklahoma, nous avons cette espèce d'animal. Mais chez nous, on appelle ça des domestiques. »

fils de Lord Newton. Bruce Ogilvy, le troisième écuyer du prince, nous a laissé une description détaillée de la vie à York Palace :

« Ma première tâche, le matin, était d'échanger quelques balles de squash avec Son Altesse Royale, partie suivie d'un bain de vapeur et d'un massage. Le prince de Galles était un maniaque de la forme : je l'ai vu enfiler cinq sweaters l'un sur l'autre afin d'éliminer les « déchets » d'une nuit un peu trop arrosée... Après les exercices physiques, la corvée des interviews et audiences. En attendant l'arrivée du prince, l'écuyer s'entretenait avec les visiteurs. Ces conversations s'avéraient souvent très intéressantes. Le prince prenait rarement ses repas à York Palace, si ce n'est le petit déjeuner. L'activité décroissait nettement jusqu'au soir. L'un des trois écuyers de sa suite l'accompagnait à l'un de ces dîners officiels où il devait généralement prononcer un discours. Ceux-ci étaient rédigés par Godfrey (Thomas) et Tommy (Lascelles) (1), mais le prince ne manquait jamais de les émailler de remarques de son cru. Lorsque nous en avions fini, chacun était alors libre de ses mouvements « nocturnes ». Le prince, on le sait, avait sa table à l'Embassy Club. »

L'emploi du temps du prince était très serré, mais il tenait à continuer de voir ses amis, les gens dont il était proche et qui n'étaient pas toujours acceptés par le roi. C'était pour lui l'occasion unique de se détendre, de laisser parler son cœur. Mrs Dudley Ward, une charmante jeune femme, mère de deux mignonnes petites filles, régnait sur ce cercle privilégié. Le prince aimait la famille Ward, il aimait observer ces êtres unis par des liens étroits, et peut-être songeait-il avec mélancolie qu'il n'avait jamais connu pareille tendresse. Avec Mrs Dudley Ward, ou dans ces dîners intimes qu'elle organisait, il était heureux, soulagé des contraintes de sa charge. La foule de ses admirateurs ne s'y trompait pas. Un jour qu'il assistait avec Mrs Dudley Ward au Remembrance Day à l'Albert Hall, l'assistance composée d'anciens combattants éclata de rire, applaudit et se retourna vers la loge royale, alors que le chœur reprenait la chanson :

> « Hello ! Hello ! Qui est votre amie ?
> Qui est la petite dame près de vous ? »

_____
(1) Les secrétaires privés du prince.

Dans son histoire de la chasse anglaise, Raymond Carr remarque que le prince était un « hardi cavalier ». Le prince n'a jamais dissimulé sa passion pour la chasse, ni le plaisir qu'il éprouvait à participer aux battues organisées par les Beaufort ou dans les immensités du Leicestershire. Il séjournait fréquemment à Craven Lodge, Melton Mowbray, dans ce club où il retrouvait ses chevaux. Une résidente de Melton, Monica Sheriffe, se souvient : « Il était amical et prenait des risques énormes. Les fermiers des alentours l'adoraient. Quel homme séduisant ! Qui aurait résisté à ces cheveux dorés, à cette voix où traînait une pointe d'accent cockney (1) ! »

Et Bruce Ogilvy : « Il était courageux, il franchissait avec beaucoup de hardiesse les obstacles, mais il ne connaissait rien au gibier. Pourtant, et sauf lorsque sa monture le désarçonnait, il parvenait toujours à se maintenir au bout de la chasse. « Mais chaque fois qu'il tombait, la presse s'emparait de l'événement et l'on finit par se persuader de sa maladresse. On s'en moqua même dans un sketch de music-hall. Mieux, le compositeur américain Cole Porter ne put s'empêcher de glisser dans sa chanson *Let's fall in love* ces lignes :

> *Les escargots le font, les cailles le font,*
> *Les chevaux qui ont renversé le prince de Galles le font,*
> *Faisons-le, tombons amoureux.*

Se hissait-il sur un cheval, les journalistes, les photographes accouraient, espérant qu'il allait à nouveau chuter devant eux. Il remporta la course de Hawthorn Hill, mais lors d'une épreuve organisée par l'armée, il tomba sur la tête et fut légèrement blessé. L'accident fit la une des journaux et incita le roi (on était en mars 1924) à adresser une lettre de semonce à son fils : il devait absolument renoncer à ce genre de sport. Ainsi, et une fois de plus, le prince pouvait-il constater qu'il restait entièrement soumis à la volonté paternelle.

En cet été 1924, il suivit l'équipe de polo à Long Island. Le soir, ce n'était que parties, fêtes rapportées par la presse américaine avec ces titres chocs qui commençaient à faire fureur en Grande-Bretagne : « Qui est la mystérieuse femme aux côtés du prince ? »,

(1) Lettre à l'auteur.

« Le célibataire le plus célèbre de Grande-Bretagne est toujours libre. Qui le coincera ? », « Les nuits blanches du prince ».

Le retour au « foyer » fut moins triomphal : le roi avait accumulé les coupures de presse narrant les exploits de l'héritier et il était furieux de leur effronterie. Le prince tenta de se justifier, expliquant que les Américains se fichaient des ragots de journalistes, qu'ils étaient libéraux, démocratiques, bien-pensants. Mais en vain. Le roi s'arrangea, sans affronter carrément son fils, pour que les princes de la Couronne ne mettent plus les pieds sur le continent américain. Le prince de Galles dut se résoudre à ronger son frein en silence, mais il regrettait la décision paternelle : à ses yeux, l'Amérique était le pays de l'avenir. Et encore, le roi ignorait-il bon nombre de choses du voyage et des éclats de son « rejeton » ! Qu'aurait-il dit s'il avait appris que le prince, interrogé par un reporter qui lui demandait ce qu'il ferait au cas où il serait amoureux d'une Américaine, avait répondu dans un grand rire qu'il l'épouserait !

Mais tout n'était pas aussi rose. Bruce Ogilvy, détaché à Windsor, lors de la semaine d'Ascot, ne mâche pas ses mots :

« Il avait une sainte horreur de ces obligations. Les invités n'étaient pas de première jeunesse, ils étaient ennuyeux, tristes à mourir. Il y avait cependant quelques compensations : l'excellence de la nourriture servie, les rations de rhum largement dispensées une promenade à cheval, une partie de tennis ou de squash, le matin, avant la course.

Mais ces soirées ! Le poker après le dîner, dont les enjeux ne dépassaient jamais quelques pennies…, mais grâce au Ciel, nous savions aussi nous ménager des portes de sortie ! Aussitôt le château endormi, nous sautions dans une voiture et filions à Londres, chez Freda Dudley Ward. On dansait au son du gramophone, on soupait. Un jour, à l'aube — j'avais cédé le volant au prince qui profita de l'heure matinale pour appuyer sur le champignon — un camion frappa notre véhicule de plein fouet. Nous ne fûmes sauvés que par le sang-froid du prince qui réussit à freiner à mort et à déporter la voiture sur un remblai. La voiture fit plusieurs embardées, zigzagua dans tous les sens pendant plus de deux cents mètres avant que nous puissions reprendre la route sans dommages. Je n'ose imaginer les réactions de la presse si nous n'étions pas sortis indemnes de l'aventure. »

Désormais, le capitaine Ogilvy veilla à ce que le prince se montrât moins hardi.

La mère de Bruce Ogilvy, Lady Mabell Airlie, alors à Windsor, suivait jour après jour les faits et gestes du prince durant la semaine d'Ascot. Son meilleur informateur étant, bien sûr, son fils : « Chaque matin, mon petit déjeuner avalé, j'informais ma mère des avatars de la nuit précédente. » Mais contrairement à la duchesse de Devonshire, Lady Mabell Airlie n'était pas une « informatrice » travestissant la vérité.

VII

MADAME SIMPSON RENCONTRE LE PRINCE

> « *Allons, mon fils, dit le père de Tom, tu es un homme, à présent.*
>
> *Plus d'excuses pour ne pas affronter la réalité ;*
> *Mon fils, l'heure est venue de songer à prendre femme.* »
>
> « *J'entends bien, mon père, mais quelle épouse me destinez-vous ?* »
>
> Tom MOORE.

Wallis venait d'avoir trente-quatre ans. Cela faisait deux ans qu'elle vivait à Londres. Deux années durant lesquelles elle avait étendu le champ de ses connaissances parmi la société britannique et aussi dans la « colonie » des diplomates américains en poste. Benjamin Thaw, le premier secrétaire d'ambassade, était certainement le plus remarquable. Il avait épousé Consuelo Morgan dont les sœurs portaient des noms célèbres, puisque l'une n'était autre que la richissime Gloria Vanderbilt, et l'autre Lady Thelma Furness, alors très liée au prince de Galles. Ce petit groupe venait d'être renforcé par la chère cousine de Wallis, Corinne, et son mari de fraîche date, le lieutenant-colonel Murray, l'assistant de l'attaché naval. La cuisinière de Wallis avait une solide réputation de cordon-bleu : les dîners de Mme Simpson étaient donc fort prisés. Sacrifiant à la vieille coutume « yankee », Wallis avait pris l'habitude de recevoir chez elle à partir de 6 heures. Les invitations formelles étaient bannies :

on débarquait chez Wallis Simpson pour boire un cocktail à la fortune du pot, discuter avec la maîtresse de maison. Comme dit un vénérable adage américain : « Il y avait de la joie au coin de la rue. »

Les Thaw se chargèrent de présenter Wallis Simpson au prince de Galles. Lady Furness avait invité le prince de Galles pour le week-end, tout était prêt dans sa maison de campagne lorsque Consuelo Thaw dut brusquement courir au chevet de sa mère malade à Paris. Wallis accepterait-elle de jouer le rôle de chaperon? Wallis était très excitée à la pensée de se trouver enfin face à face avec ce prince dont les exploits bruissaient à ses oreilles. Pourtant, son premier mouvement fut de refuser la suggestion de son amie. Que lui dirait-elle? Comment devrait-elle se comporter? Et si jamais il prenait à Lady Furness la fantaisie d'organiser quelque partie de chasse, quelle posture adopter? Elle n'était pas chasseresse! Consuelo Thaw se fit plus pressante. Wallis n'avait pas à se préoccuper de ce genre de détails... Benny Thaw conduirait les Simpson jusqu'à la demeure des Furness et veillerait sur eux. Et ce fut une Wallis tout heureuse, débarrassée de ses appréhensions qui s'en vint communiquer la grande nouvelle à Ernest. « C'est un immense honneur qu'il nous est impossible de refuser », dit celui-ci. Lady Furness appela Wallis pour la remercier d'avoir la gentillesse de se charger de la « corvée » et le vendredi après-midi, les Simpson et Benjamin Thaw prirent le train à la gare de Saint-Pancras pour Melton. Pendant le trajet, Wallis, plongeant jusqu'au sol du wagon, répéta sa révérence. A leur arrivée, un épais brouillard recouvrait la campagne et le rendez-vous de chasse des Furness, un bâtiment moderne confortable. Wallis, qui avait attrapé un petit rhume et sentait la fièvre monter, demanda la permission de se retirer dans sa chambre. Mais l'irruption du prince, emmitouflé dans de chauds vêtements de tweed, du brigadier général « G » Trotter et du prince George, qui ne faisait que passer, dissipa comme par enchantement son malaise.

Wallis a dit combien elle fut surprise par la petite taille du prince... il tenait ce trait physique de la reine Victoria dont tous les descendants avaient hérité de cette caractéristique devenue proverbiale. Mais ce qui la frappa surtout, c'était cette expression mélancolique dans son regard très bleu. Elle fut pourtant conquise par sa façon d'agir naturelle, dénuée de toute affectation. Dès qu'elle vit Édouard, Wallis sut qu'elle était devant l'homme le plus séduisant qu'il lui avait été donné de rencontrer.

— Se mariera-t-il un jour ?, demanda-t-elle à Benny Thaw qui lui répondit qu'il avait été souvent amoureux :

— Se marier, lui ? J'en doute. C'est un célibataire endurci.

Jugement sans doute un peu trop définitif. Le prince de Galles n'avait que trente-six ans...

On était alors à l'automne 1930. Ce même hiver, le prince de Galles, endossant à nouveau son « déguisement » de commis-voyageur de l'Empire, voguait vers l'Amérique du Sud, ayant appris pour l'occasion l'espagnol.

L'année 1931 sera marquée par deux autres rencontres au domicile de Lady Furness, Grosvenor Square. Il déposera les Simpson chez eux, Wallis le priera de venir prendre un cocktail, mais le prince déclinera l'invite : on l'attendait à Fort Belvedere.

Wallis pouvait maintenant traiter presque d'égal à égal avec un membre de la famille royale. N'avait-elle pas été — fait sans précédent si on se souvient de ses « antécédents » de femme divorcée — présentée à la cour ! Comme elle est élégante sur cette photo officielle ! Même si elle a emprunté sa robe et ses plumes à Consuelo Thaw et à Lady Furness... Mais cette consécration n'avait certainement pas impressionné le prince de Galles lorsqu'il convia le couple à Fort Belvedere, en ce mois de janvier 1932.

Parvenus à ce tournant de notre histoire, il convient de marquer une pause et de faire repartir la caméra en arrière. Aujourd'hui, avec le recul des années, nous connaissons les raisons du drame qui allait ébranler la couronne britannique et provoquer une crise aux effets considérables. Ce que nous comprenons plus difficilement, ce sont les lacis secrets de ce raz-de-marée déclenché par une seule et même personne : le prince de Galles. Car c'est lui, c'est sa nature qui détiennent toutes les clés de la tragédie constitutionnelle.

En ce temps, les parents disposaient de leurs enfants. Ils leur imposaient des mariages qui leur paraissaient sages, logiques. Qui s'en serait plaint ? Pas les mariés malgré eux ! Ceux-ci s'habituaient, finissaient même par s'aimer, au point de négliger leur progéniture, ou de les juger de très loin. Tel était le cas de la reine. Oh, elle était contente de la popularité de son fils, le prince de Galles, mais quant à le comprendre... Disons les choses franchement : ils ne s'enten-daient pas, il n'y avait aucune sympathie entre eux. « Mon fils n'est pas assez soucieux de son avenir, pensait en elle-même la reine, il est trop démocrate. Ses amis ont une déplorable influence sur lui. Il s'est volontairement éloigné de l'aristocratie pour se jeter dans les bras de gens interlopes, qui ne sont pas de son monde. » Si la reine était romantique, cela ne se vérifiait que pour tout ce qui touchait à la royauté qui représentait à ses yeux une caste à part. Il était donc dans la ligne de l'ordre établi que le prince de Galles épousât une princesse de sang royal. La guerre avait opéré des coupes sombres dans les cours européennes ? Eh bien, que le prince choisisse une femme de « noble lignage ». La reine Mary n'avait jamais oublié les humiliations subies durant sa jeunesse : les princes allemands ne s'étaient pas privés de lui rappeler le mariage morganatique de ses parents. Mais elle leur avait damé le pion ! elle avait épousé celui qui allait régner sur la Grande-Bretagne, elle incarnait maintenant la royauté dans toute sa splendeur ! Autre source d'ennui pour cette femme rigoriste : pourquoi son fils s'acharnait-il à s'entourer d'Américains ? Pourquoi était-il si infatué de ce pays « barbare » ? Pourquoi s'obstinait-il à s'exhiber en compagnie de Lady Furness, cette « Américaine » qui avait convolé avec un riche armateur ? Il méprisait donc les jeunes filles anglaises ? Il n'avait donc pas envie de se marier ? La reine Mary avait été habituée aux « tocades » de son beau-père, le roi Édouard VII, qui se mêlait volontiers à cette société de basse extraction, mais puissante... Elle avait fermé les yeux. N'avait-il pas épousé une princesse de sang royal ? Son neveu, le Kaiser, pouvait rapporter en ricanant à Sir Thomas Lipton que son oncle trouvait un certain plaisir à emmener un épicier sur son yacht, la succession était assurée ! La reine Mary et le roi George avaient rompu avec ces mœurs « négligées » : ils voyaient peu de monde en dehors de leurs obligations officielles, leur maison était composée de nobles dames et gentilshommes à l'arbre généalogique irréprochable. Ils n'auraient jamais osé porter ces vêtements « indécents » qu'affectionnait tant le prince de Galles..., mon Dieu, ces pantalons à revers, ces ridicules culottes de golf ! Heureusement que son cadet, le duc d'York, n'imitait pas ce fatal exemple ! Quelle consolation pour son père ! Son mariage (il avait épousé Lady Elizabeth Bowes-Lyon) avait été béni par deux petites filles. Le roi était fou de l'aînée, la future Elizabeth II..., mais Édouard ! Oh, cet Édouard, si charmant et si têtu ! Comment lui faire comprendre qu'il était prince, qu'il se devait à la Couronne ! Qu'il ne suive pas strictement tout ce que son père faisait, d'accord, qu'il ne veuille pas renoncer à ses horribles pantalons, d'accord, mais enfin, qu'il demeure persuadé de son devoir, de ses obligations...

Le roi, lui... aimait-il vraiment son héritier ? Pas exactement. Tout en lui lui déplaisait, le hérissait. Sa façon de parler, cette infatuation pour l'accent cockney (1), son goût vestimentaire (l'habit fait le moine, tel était le proverbe favori du roi qui avait toujours milité en faveur de tenues dépourvues de fantaisie, mais strictes, traditionnelles), ses amis, ses « hobbies », sa popularité parmi le peuple britannique. Cela surtout. La vieille aristocratie arrimée à ses blasons, à ses châteaux, à son étiquette ne se privait pas de critiquer le prince de Galles, mais le peuple et ses anciens camarades d'armes l'adoraient. D'un regard, d'un mot, il subjuguait son auditoire. Sa franchise, son côté bon enfant si rare pour un membre de la famille royale emportaient l'adhésion de tous. Il était romantique, il incarnait merveilleusement le caractère magique de la royauté, avec quelque chose en plus qui n'appartenait qu'aux petites gens. Lui seul était parvenu à ce miracle.

Mais il y avait aussi Wallis. Elle aussi aura son rôle à jouer dans le drame qui se prépare en coulisses. Physiquement, les années n'ont pas eu de prise sur elle. Elle est toujours mince, elle porte toujours avec grâce et élégance cette mode qui sied à sa sveltesse. Elle est toujours sans « chichis » : pas d'afféteries superfétatoires pour ses cheveux toujours d'un beau noir, toujours coiffés la raie au milieu. Et toujours la même fidélité aux maisons de couture de Paris.

Mais elle avait reçu une éducation raffinée qui ne l'avait peut-être pas préparée aux épreuves. Son union avec Simpson ne ressemblait pas aux romans d'amour pour midinette, mais elle y avait trouvé une certaine sécurité, une certaine paix intérieure. Elle avait enfin un toit, et de l'argent. Son mari lui témoignait de la tendresse et reconnaissait ses talents. Il appréciait ce don qu'elle avait de rassembler autour d'elle des gens agréables, policés ; il était fier de ses dîners : la chère y était excellente et la compagnie agréable, animée par ses traits d'esprit, sa gaieté communicative. Il ne pouvait

(1) L'accent cockney du prince de Galles était très léger. Par exemple, au lieu de dire « lady », il prononçait « lidy ». Par la suite, il acquit certaines intonations typiquement « yankees ».

que se féliciter de ce mariage. Et maintenant, ils étaient invités par le prince de Galles ! Quel événement ! Ernest Simpson était au comble du bonheur. Même si Lady Furness avait été l'artisan de cet honneur inespéré. Wallis, elle, était plus calme. Dans le fond, elle était comme la reine Mary : les rois et les princes sont des êtres à part...

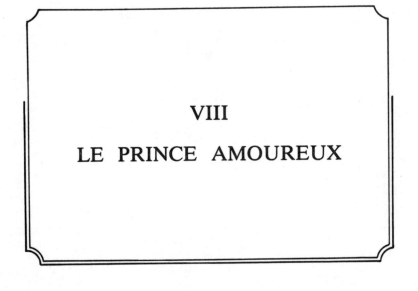

VIII

LE PRINCE AMOUREUX

« Krone des Lebens
Glück ohne Ruh
Liebe, bist du ! »
GOETHE.

A une dizaine de kilomètres du château de Windsor, Fort Belvedere est une « folie » du XVIIIe siècle hérissée de donjons et de tours due à l'architecte Wyateville. Fort Belvedere, possession de la Couronne, est une charmante demeure où il fait bon vivre. Lorsque le prince demanda à son père de lui donner Fort Belvedere, le roi grogna : « Mais que feriez-vous de ce tas de vieilles pierres ? Vous voulez peut-être y organiser ces sacrés week-ends qui vous tiennent tant à cœur, je suppose ? » Il grogna, mais offrit Fort Belvedere à son fils. Et le prince y établit son « royaume », son nid. Fort Belvedere, c'était les vacances, le « farniente », une existence décontractée, la réunion des amis. Le prince modernisa l'intérieur, suspendit des toiles de Canaletto dans son bureau, des scènes équestres de Stubbs dans la salle à manger, mais l'endroit qu'il préférait, c'était le jardin. Il fit de cette forêt vierge un petit paradis.

Le premier week-end des Simpson à Fort Belvedere fut idyllique. Ernest Simpson, qui répugnait au moindre effort physique, se fit bien tirer l'oreille lorsque le prince le traîna dans le jardin pour arracher ces lauriers qui pourrissaient et défiguraient le paysage, mais la remarque du général « G » Trotter (« Ce n'est pas un ordre, mais je n'ai jamais vu quelqu'un refuser de se soumettre à cette corvée ») eut raison de ses réticences. Le soir venu, le prince se mit à sa tapisserie. Quoi ? un homme brodant !

— Je tiens cette passion de la reine, expliqua le prince.

Après les travaux d'aiguille, les Simpson et le prince dansèrent au son du gramophone. Wallis admit que le prince de Galles était vraiment séduisant. Il n'était pas question de coup de foudre. Ils n'étaient qu'amis et leur amitié ne fit que croître avec les mois. Ils revinrent souvent à Fort Belvedere au cours de l'année 1933, participèrent de plus en plus fréquemment à des dîners, à des « parties » intimes. Lorsque Wallis retourna passer deux mois aux États-Unis, tout le Maryland, tout Baltimore parlaient de cette « enfant du pays » qui fréquentait les princes !

En 1934, elle était de retour à Londres pour trouver une Lady Furness fort préoccupée : elle partait pour les États-Unis avec sa sœur jumelle, Gloria Vanderbilt. Elle serait absente six semaines.

— Oh, le petit homme va être si solitaire ! soupira-t-elle. Je vous en prie, Wallis, veillez sur lui. Remplacez-moi pendant quelque temps.

Lady Furness traversa donc l'Océan dans un bruissement de rumeurs et de chuchotements : Ali Khan la couvrait de roses, n'avait d'yeux que pour elle.

Wallis, elle, s'employa à s'acquitter de sa promesse. Elle reçut le prince chez elle, elle l'encouragea à parler de ses aspirations, de son travail.

— Wallis, lui dit-il, vous êtes la première femme qui s'intéresse à ce que je fais ici-bas.

Peu à peu, Bryanston Court devint son second domicile. Dès qu'il pouvait, il arrivait, avalait un verre, se mettait à bavarder avec Wallis jusqu'à ce qu'Ernest revînt du bureau. Resterait-il dîner ?...

Peu à peu, il fut incapable de se passer de Wallis. Il ne vivait que dans l'attente du moment où il la reverrait. Lady Furness acheva son périple américain : elle avait désormais de quoi se réjouir, Wallis était devenue l'indispensable amie du prince.

— Elle est drôle, elle attire à elle toutes les sympathies. Elle me comprend. Elle possède ce que j'apprécie le plus chez un être : le sens du naturel.

Il avait connu beaucoup de femmes, aucune n'était comme elle, indifférente au fait qu'il était le prince de Galles. Les autres femmes se croyaient obligées de changer d'attitude. Pas elle. Se serait-elle assise en face du balayeur de la rue, elle n'aurait modifié en rien ses manières. Le prince était très sensible, son intuition innée lui faisait immédiatement repérer ceux qui, en l'approchant, adoptaient un ton compassé, presque sournois. Les Américains ne s'embarrassaient pas de ces préjugés, ils étaient francs, directs, jamais époustouflés par les noms ronflants comme l'étaient ses concitoyens. Voilà pourquoi il se sentait proche d'eux. Et de Wallis.

Wallis était polie, déférente, elle lui donnait du « Sir », mais le comprenait. Il était heureux. Cela ne signifiait pas qu'il renonçait à ses origines : jusqu'au bout, il fut toujours « très royal » (pour reprendre le mot de Lord Tennyson, dont les parents étaient des familiers du prince. Lord Tennyson fut à son tour très proche du duc de Windsor dans les dernières années de sa vie), il n'aurait permis à quiconque de se montrer insolent en sa présence. Son fameux sens du naturel n'excluait pas une certaine « tenue » morale, une certaine dignité. Wallis répondait exactement à ces critères. Mais il n'y avait pas que cela. Wallis, avec son chic, son élégance physique, était la femme dont il avait toujours rêvé : petite et très mince. Vive, efficace, concernée par les problèmes quotidiens, mais ne se départissant pas pour autant de son humour, de son intelligence rapide, de son humeur joyeuse. Elle savait animer une conversation, mais aussi écouter. Comme lui, elle avait appris « à limer sa cervelle à celle d'autrui », son expérience, elle ne la tenait pas d'un enseignement livresque. Ce qui devait arriver arriva : leur amitié se transforma en amour. Un amour qui ne s'éteignit qu'avec lui.

Écoutons encore Bruce Ogilvy : « Thelma Furness ne se faisait plus d'illusions : tout était fini entre elle et le prince de Galles. A quelque temps de cette révélation, « G » Trotter l'invita à dîner et naturellement, ils parlèrent de Wallis Simpson et du prince. Ce qui ne fut guère du goût du prince qui signifia à « G » Trotter son congé. Cette décision brutale brisa littéralement le cœur de « G » Trotter qui adorait le prince. » Édouard avait tort, « G » Trotter n'était pas coupable, mais le prince était particulièrement chatouilleux et dès que l'on touchait à Wallis, il ne faisait plus de quartier, il était prêt à sacrifier ses plus chers amis.

Dans un premier temps, « l'affaire Simpson » ne dépassa pas le cercle de leurs nombreux amis. Ceux-ci croyaient encore que Lady Furness était toujours « l'unique objet » des pensées du prince, Wallis n'intervenant qu'à titre amical. Mais cela ne dura pas, et

Wallis commença à pâtir du revers de la gloire. Le regrettait-elle ? Non. Les attentions du prince la flattaient.

Ernest Simpson, lui, n'était pas aveugle : il avait deviné pourquoi tous les snobinards de Londres s'intéressaient aux Simpson. Ce n'était pas pour ses beaux yeux à lui ! Ernest Simpson avait peut-être bien des défauts, mais il sut se conduire avec dignité. On le vit de moins en moins chez lui.

Les rumeurs de l'idylle atteignirent enfin Buckingham. La reine Mary n'y accorda aucun crédit. Puisque le mariage était inconcevable ! Le roi, cependant, réagit différemment. Mais ceci est une autre histoire...

L'été de 1934, le prince loua une villa à Biarritz et y invita Wallis, qui serait chaperonnée par sa tante Bessie. A peine installés, apparut Lord Moyne, accompagné de Posy, la femme de Kenelm Guiness. Lord Moyne organisa une croisière à bord de son yacht qui allait les emmener au large de la Méditerranée. Marin intrépide, il n'hésita pas à affronter les pires tempêtes d'où ils émergèrent pour aborder enfin à Formentor. Les touristes n'avaient pas encore envahi l'île, les plages étaient solitaires, propres. C'était le paradis.

Un paradis où tout se décida, où le sort de Wallis et d'Édouard fut à jamais scellé. Wallis, si on se reporte à ses *Mémoires,* est formelle : la croisière sur le *Rosaura* fut décisive. Édouard était follement amoureux.

« Pourquoi ? Plus je m'interrogeais et moins je trouvais de bonnes raisons à cet amour. Pourquoi cet homme si séduisant m'aimait-il ? dit-elle avec une remarquable modestie. Pas pour ma beauté — il avait connu des femmes plus séduisantes que moi — pas pour ma jeunesse ! Je ne l'étais plus. Aux États-Unis, on aurait pensé de moi que j'avais fait mon temps » (Wallis avait alors trente-huit ans).

Alors ? Sans doute, le prince a-t-il été attiré par son ton direct, son indépendance intellectuelle, son humour...

« Admettons que mes façons naturelles l'aient étonné, éberlué et, enfin, amusé. »

Amusé, lui ? Fasciné !

« Au moment de notre rencontre, il était seul, isolé dans son univers. Mon mérite aura été de lui montrer que quelqu'un pouvait partager cet « exil », lui faire oublier sa « différence ».

Étrange que Wallis ne mentionne pas son courage. Courageuse, elle l'était. L'Angleterre, les Anglais lui apparaissaient comme un univers lunaire, comme des zombis, mais son courage, sa persévérance lui avaient permis de pallier cette méconnaissance et de se débrouiller de situations délicates.

De retour en Angleterre, le prince composa un morceau (le prince était-il doué pour la musique ?) pour cornemuses, dédié à Wallis. Le prince était un amateur passionné de cornemuse. A Balmoral, il se promenait dans le parc avec son instrument et « trillait » à satiété jusqu'à ce que le roi, excédé par ce tapage, lui crie par une fenêtre d'arrêter immédiatement le concert. Le roi et la reine étaient allergiques au son de la cornemuse, ils ne surent jamais d'où le prince tenait ce penchant. Mais chaque soir, après dîner, il leur fallait endurer cette sérénade qui mettait leurs nerfs à vif.

La tante de Wallis, Bessie, était perplexe. Que voulait sa nièce ?
— Ma vue n'a pas baissé au point de ne pas voir ce qui se passe.
— Rassurez-vous, lui répondit Wallis, je n'agis pas à la légère.
— Des plus malins que vous ont perdu des plumes à ce petit jeu, répliqua la tante Bessie. Tout cela finira mal.

A l'automne fut célébré le mariage de George (le duc de Kent), le frère chéri du prince de Galles, avec la princesse Marina de Grèce. Ce fut un choc terrible pour Édouard, il perdait un ami, celui qui ne le quittait jamais. Il lui restait Wallis. Et il le montra. Désormais, les Simpson furent de toutes les réceptions à Buckingham, le prince présenta Wallis à la reine :
— Voici l'une de mes grandes amies.
La reine Mary serra la main de Wallis en se gardant de conclure quoi que ce soit de l'événement. Mais deux ans plus tard, elle confiait à Lady Airlie :
— J'ai eu tort de ne pas réagir. Maintenant, il est trop tard.

En février 1935, Mme Simpson, le prince, Bruce Ogilvy, sa femme Primerose et sa sœur Olive se retrouvèrent à Kitzbühel pour la saison de ski. Wallis refusa d'apprendre à skier, elle s'ennuyait. Ils abandonnèrent donc les cimes neigeuses pour Vienne et Budapest. Le prince aimait l'Autriche, les chansons viennoises qu'il fredonnait à longueur de journée, les valses de Lehar et de Strauss.

En 1935, le roi George V célébra son jubilé d'argent au milieu de la liesse générale et des démonstrations de loyauté. « On dirait que les Anglais m'aiment pour moi-même », constata-t-il. La fidélité des Anglais à la Couronne est légendaire. Ils adorent la pompe, le faste royal, les drapeaux, les oriflammes aux croisées de leurs maisons, les attelages des cortèges royaux parcourant les rues de la capitale londonienne. 1935 coïncida aussi avec de graves troubles économiques, le chômage réduisait des centaines de milliers d'hommes et de femmes à l'inactivité forcée. Les fêtes du jubilé les distrayaient momentanément de leur misère. Et puis, pour une fois, le spectacle était gratuit !

Les rois d'Angleterre étaient très attachés à ce genre de manifestation. Même ce versatile, ce viveur d'Édouard VII. Quant à sa mère, la reine Victoria..., acclamée, louée à l'occasion de son jubilé d'or, elle reçut pour son jubilé de diamant l'assurance qu'elle était éternelle (« Longue vie à la reine ! », criaient les hérauts du couronnement) : sa mort étonna les Anglais.

Le roi, la reine sont tabous. On ne les critique pas, on ne les juge pas. Mais on n'épargne pas les princes, les princesses, on ne se gêne pas pour leur décocher des « piques », des remontrances qui sont souvent injustes. On a renoncé, comme jadis, à se plaindre d'une nouvelle naissance dans la famille, les journaux à scandales ne se demandent plus qui paiera pour le marmot (coutume en usage sous le règne de Victoria), mais on a toujours la dent aussi dure.

Le prince retourna en France pour les vacances de l'été 1935. Lord Cholmondey lui prêtait sa villa de Cannes. Et qui était là ? Lord et Lady Bronlow, Lord Sefton, et d'autres, l'écuyer du prince, le major Jack Aird. Et Wallis. Le programme ne variait pas. Baignades, soleil. Croisière vers Porquerolles avec le duc de Westminster sur le yacht de Mme Regina Fellowes. Escapade à Vienne en train, dans des wagons-lits retenus par Jack Laird. Wallis ne cessait de s'émerveiller de la volonté du prince qui parvenait immanquablement à ses fins. Toutes les difficultés disparaissaient. Parce qu'il était le prince. L'héritier de la couronne.

Wallis n'était plus inconnue pour ceux qui avaient affaire avec le prince et sa suite. Elle commença, à l'instar du roi George V, à penser qu'on l'aimait pour elle-même, pour tout ce potentiel d'humanité qui était en elle et qui avait contribué à sa popularité. On s'en doute, le roi n'approuvait pas ces périples méditerranéens : le prince ne pouvait-il se contenter de Balmoral, d'être avec les siens ? Aller en août dans le Midi de la France, quel non-sens !

« Le prince ne s'attardait pas à Balmoral. Il n'était pas souvent au château, préférant courir le cerf, ce qui lui permettait, au contraire de la chasse à la grouse, de se dépenser physiquement. Il ne s'entendait pas avec son père. Ses frères non plus. Le roi George V fut un monarque exemplaire, mais un père déplorable. »

Lady Airlie a confirmé cette appréciation :

« Le prince était un homme mûr, fait. Eh bien, cela n'arrêta pas le roi qui l'accablait ouvertement :

— Vous êtes, disait-il, l'homme le plus mal habillé de Londres. »

Pour punir son fils, il s'ingénia — c'était un piège ! — à dresser une liste d'ordres, de décorations destinés à son héritier. Ce n'était pas « sport ». Non, vraiment pas. Et lorsque le roi ne rédigeait pas ses « tables de la loi » filiales, il complotait, se faisait raconter par l'archevêque de Canterbury, Cosmo Lang, champion du ragot, les derniers potins sur les frasques de son rejeton. Cosmo Lang passait des salons de Balmoral à ceux de Lady Airlie où il se répandait en gémissements, soupirs... Les malheureux parents ! comme ils se tourmentaient pour leur fils qui s'affichait avec cette... « C'est grave. Le roi estime que cette amourette entraînera le prince à une décision dramatique. »

On comprend donc pourquoi le prince, fuyant Balmoral et le terrible Cosmo Lang, se réfugiait sur le continent.

Mais l'hiver venu, le roi s'alita pour ne plus se relever. A Noël, le prince de Galles était à Sandringham au chevet de son père. Quarante-quatre ans après le prince Eddy, dans ce même château, au début de janvier 1936, le roi mourait. Encore lucide, il avait déclaré à la reine Mary, avec une émotion surprenante chez cet homme froid (Lady Algernon Gordon-Lennox (1) fut témoin de l'événement) :

— Je supplie Dieu qu'il fasse que mon fils aîné se marie, ait des enfants et que rien ne vienne s'interposer entre Bertie, Lilibet et le trône.

_____

(1) Lady Algernon Gordon-Lennox rapporta le fait à Lady Airlie qui le nota immédiatement dans son journal.

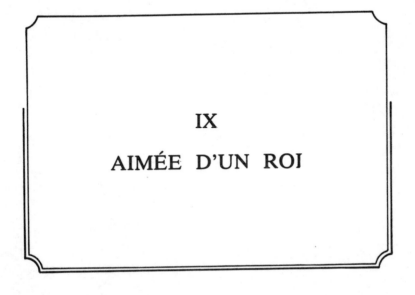

IX

AIMÉE D'UN ROI

« *Un beau matin, je m'éveillai célèbre.* »

BYRON.

Wallis et ses amis assistèrent à la cérémonie pittoresque de la proclamation au trône du nouveau souverain d'une fenêtre du palais de Saint-James. Édouard — désormais Édouard VIII — y avait veillé. Mais que se passa-t-il ensuite ? Brusquement, et alors que l'orchestre des Gardes attaquait le *God save the King* qui marquait la fin de ces moments à la fois solennels et très émouvants, elle se retrouva à ses côtés, sur les marches de l'escalier.

— En vous regardant, lui dit-elle, j'ai compris que votre existence va changer du tout au tout.

— Comment le nier ? répondit-il. Pourtant, une seule chose demeurera inchangée : mes sentiments pour vous.

Et, esquissant un sourire furtif, il s'éclipsa.

Les fonctions d'Édouard VIII le tenaient occupé du matin au soir. Du temps où il n'était que le prince de Galles, il n'avait pas ménagé son ardeur au travail. Mais il pouvait s'accorder des pauses, courir chez Wallis au lieu de se tenir à York House au milieu de ses écuyers. Aujourd'hui, il était prisonnier de ses obligations, et de multiples tâches. La cour portait encore le deuil du défunt roi, mais les horribles week-ends de Fort Belvedere, le printemps venu, avaient repris de plus belle. Les mêmes gens — les Brownlow, les Buist, Lord Sefton et sa fiancée (« Foxie » Gwynne, une Américaine, amie de Wallis), les Duff Cooper, Anthony Eden et Euan Wallace, un député conservateur très connu du Parlement, Mme Herbert Wallace, née Barbie Wallace, l'une des filles de Sir Edwin Luytens... — continuaient à s'y presser. Barbie Wallace se souvient :

« J'ai passé plusieurs week-ends à Fort Belvedere. Dès notre arrivée, on nous remettait un carton portant ces mots : « Tenue de deuil exigée à partir de 6 heures de l'après-midi. » A Fort Belvedere, on se serait cru dans le domaine d' *Alice au pays des Merveilles.* Je ne me suis jamais sentie à mon aise face à l'un des membres de la famille royale, dans l'un de leurs châteaux... Quelle attitude adopter face au roi ? Trop de déférence fait de vous un snob invétéré. L'attitude contraire vous met dans une position tout aussi fâcheuse... Mais à Fort Belvedere, l'ambiance était totalement différente. Naturellement, Wallis ne lésinait pas sur les révérences respectueuses et les « Votre Majesté » par-ci, les « Votre Majesté » par-là. Mais elle s'arrangeait pour détendre l'atmosphère en se montrant enjouée, en veillant aux menus, qui étaient toujours particulièrement soignés. Bref, elle était une hôtesse accomplie qui savait relancer les conversations, faire participer chacun à « l'action ». Elle réussit même à dégeler Sir Arthur Colefax que nous avions jusqu'ici fui et ignoré. »

Un miracle, en effet ! et dont le seul mérite revient à la gentillesse de Wallis. Car Sir Arthur Colefax était l'ennui personnifié. Sa femme, grande tueuse de fauves devant l'Éternel, n'avait jamais réussi à convaincre les malheureux lions de soutenir un dialogue cohérent avec son époux ! Lord Berners s'amusait même à raconter que le gouvernement avait offert 30 000 livres à Sir Arthur pour le percement du tunnel sous la Manche (1).

« Après le dîner, on se rendait en voiture à Windsor pour voir un film sous le regard des valets de pied déployés par quatre, afin de ne pas boucher l'écran, qui servaient le champagne. Quand la lumière revenait, tout le monde était endormi. »

Lady Diana Cooper n'a pas oublié les invités bougeant avec leurs coussins autour de la piscine pour profiter des rayons du soleil. Le roi exigeait que l'on se moquât du protocole, mais cela n'était pas

(1) Lord Berners joue ici sur les mots. En anglais, « ennui » et « percement » se disent également « bore ».

toujours possible. Il préparait, versait les cocktails, mais ne cessait pour autant d'être le roi. Wallis en était encore plus consciente que quiconque, mais elle s'en accommodait encore plus aisément. Elle était la « vedette » de Fort Belvedere, l'aimant, dont le charme magnétique (suivant la définition de Lord Louis Mountbatten) attirait toutes les sympathies, toute l'attention. En mai, le roi donna un grand dîner à York House auquel il convia les Simpson et M. et Mme Baldwin. Prenant son plus beau sourire de « Prince Charmant », il murmura à l'oreille de Wallis.

— Les dés sont jetés. Bientôt sonnera l'heure où je présenterai ma future femme au Premier ministre.

Wallis eut un haut-le-corps. Elle ne serait jamais sa femme, c'était hors de question.

— On ne vous le permettra pas.

— Croyez-vous que je ne le sache pas, rétorqua-t-il, mais je n'ai pas dit mon dernier mot.

Ainsi, l'heure fatale avait sonné, comme en font foi les *Mémoires* de Wallis. Bien sûr, dans les mois qui suivirent, elle nia farouchement que le sujet eût été abordé entre le roi et elle, mais c'était un pieux mensonge. Dès 1934, Édouard était résolu à ce mariage.

Le lendemain de ce fameux dîner, le *Bulletin de la Cour* y nota la présence des Mountbatten, des Duff Cooper, de Lady Cunard, de Charles et Ann Lindbergh, de l'amiral Sir Ernle Chatfield et de sa femme, et des Simpson. Mais Ernest ne se sentit nullement flatté. Il ignorait alors qu'il ne verrait plus d'aussi près le roi. Il s'éloignait de Wallis, se réfugiait de plus en plus chez Mary Kirk, une vieille amie de Wallis qui avait épousé un certain Raffray. Son union avec Wallis s'effilochait, il avait envie de donner son nom à Mary Kirk. Wallis, quant à elle, avait envie de divorcer. Le roi lui conseilla de consulter l'avocat Theodore Goddard.

« Je m'en remis complètement à Me Goddard », écrit Wallis dans ses *Mémoires*.

Fut-il de bon conseil ? On peut en douter. Quoi qu'il en soit, Ernest Simpson alla vivre au club des Gardes et abandonna Bryanston Court à Wallis. Mais avant de rompre avec Wallis, il s'entretint longuement avec le roi et, adoptant l'attitude d'un père noble du siècle passé, il l'interrogea sur ses intentions.

Londres se mit à éplucher le *Bulletin de la Cour*. Cette gazette officielle ne brillait pas par son esprit ni son humour, elle devint pourtant le « baromètre » des amours royales. Le roi avait reçu à dîner Sir Samuel et Lady Maud Hoare, le duc et la duchesse d'York, David Margesson, les Willingdon, les Churchill, Lady Diana Cooper, Lady Colefax, et Wallis ? Ernest Simpson ne figurait pas sur la liste ? Il y avait anguille sous roche ! On se languissait de rencontrer enfin « cette » Wallis Simpson... Qu'en pensait par exemple Sir Samuel Hoare ?

« Une femme très séduisante et très intelligente, mais elle reste américaine jusqu'à la racine des cheveux. Ce qui signifie qu'elle éprouve toujours une certaine difficulté à assimiler les arcanes du peuple britannique. »

Lady Astor, une Américaine de Virginie, succomba également à Wallis. Elle ne se priva pourtant pas d'insinuer que seules les vieilles familles de l'aristocratie du Sud des États-Unis étaient autorisées à graviter dans l'orbite de la royauté. Ce qui laissa froids la plupart des Anglais. Lady Astor se trompait carrément de cible : le père et la mère de Wallis étaient des Sudistes « bon teint ».

Wallis Simpson était donc le fleuron des réceptions de Sa Majesté. Le roi ne se séparait plus d'elle. Autre fait très important : ces dîners étaient le rendez-vous des grands leaders du parti tory. Ce qui n'était pas pour déplaire à Wallis, lectrice attentive de journaux et de magazines : elle aimait fréquenter des hommes politiques, s'entretenir avec eux. Lady Cunard, Lady Colefax, un amiral, Charles Lindberg figuraient à ces réceptions, à ces dîners, mais on y voyait surtout des membres des Chambres. Winston Churchill devint indispensable, il se préparait peut-être à l'avenir. Édouard, lui, ne renonçait pas catégoriquement à son passé, mais il tournait peu à peu une page de ces années à la fois douloureuses et insouciantes.

Wallis, n'en doutons pas, l'influençait. Il était roi, il devait maintenant aborder des choses plus sérieuses. Son tempérament profondément ancré dans une certaine philosophie « à l'américaine » ne comprenait pas qu'un roi constitutionnel ne fût pas libre de ses mouvements, de ses opinions et qu'un souverain soit contraint, dans la mesure de ses forces humaines, de s'élever au-dessus de la politique, de se cantonner dans une stricte neutralité. Édouard VIII n'était pas insensible aux affaires du monde. Wallis aurait donc souhaité qu'il s'exprimât, qu'il intervînt plus souvent. Mais, répétons-le, elle était américaine, elle ne percevait pas que le roi était plus utile lorsqu'on le photographiait après une épuisante partie de golf ou lorsqu'on chuchotait sur sa vie privée, lorsqu'on se réjouissait du bonheur que « cette » Wallis lui avait apporté que par de tonitruantes prises de position. Les États-Unis se donnent un président fort et puissant. En Grande-Bretagne, le roi règne mais ne gouverne pas. Une subtilité incompréhensible pour Wallis.

Édouard VIII était et restait intransigeant sur le principe de l'Empire un et indivisible. A ses yeux, l'invasion de l'Éthiopie par les troupes du Duce ne représentait pas la violation des droits sacrés d'un pays, mais la meilleure façon de répliquer à « l'anarchie » provoquée par le règne de Haïlé Sélassié. Il avait parcouru pendant des années les possessions lointaines de la Grande-Bretagne, il lui paraissait maintenant très hypocrite de condamner explicitement les appétits de conquête des autres nations européennes sous prétexte qu'elles avaient développé leurs visées expansionnistes bien « après » la Grande-Bretagne. Et il ne manquait jamais une occasion d'affirmer ses vues. Sir Samuel Hoare s'était distingué en signant avec la France le pacte Hoare-Laval qui levait les sanctions prises contre l'Italie fasciste fondant sur la misérable petite Abyssinie. Momentanément écarté des ministères, il y revint rapidement. Édouard VIII fut si heureux de son retour qu'il célébra l'événement par un dîner.

Sur un autre plan, Édouard VIII était directement sous les feux des projecteurs. La presse américaine était pleine d'histoires, de cancans sur le roi et une certaine « personne » originaire de Baltimore. Leur liaison était le fait du jour. Les commentaires étaient désormais sans équivoque. Inutile de préciser que la presse britannique pratiquait, elle, le système de l'autruche. Mieux : les journaux américains étaient censurés. On avait trop peur des poursuites judiciaires.

De son côté, Wallis s'ingéniait à ne rien modifier du cours de son existence. Elle recevait chez elle. Et les curieux étaient nombreux à venir regarder le roi sous le nez et de tenter d'établir le graphique de ses amours. Harold Nicolson, diplomate et écrivain, remarque dans son journal que lors de l'un de ces dîners, Lady Oxford, Lady Cunard et Lady Colefax échangèrent des regards furieux : se trouver chez Wallis n'était plus un privilège puisqu'elle avait convié tant de personnalités ! « Il y a dans un recoin de mon âme, continue Nicolson, quelque chose de singulièrement snob que ce spectacle afflige. Mme Simpson est une Américaine sans arrière-pensée, mais ce qui se passe en coulisse n'est pas joli, joli. » A cette amertume répond parfaitement la boutade de Groucho Marx : « Je ne voudrais jamais entrer dans un club dont je serais membre. »

Cet été-là, le roi loua un yacht, le *Nahlin,* qui cabota le long de la côte dalmate après avoir traversé le canal de Corinthe, touché Athènes et Istambul. Deux destroyers suivaient le yacht royal. Wallis faisait les honneurs aux Duff Cooper, à Herman et Katherine Rogers, à Lord Sefton et aux autres amis. L'équipage royal comprenait deux secrétaires, Godfrey Thomas et Alan (« Tommy ») Lascelles et l'écuyer Jack Aird. A chaque escale, le couple provoquait des rassemblements de foule considérables. Les paysans yougoslaves descendaient de leurs villages, des hommes, des femmes enthousiastes criaient : « Vive le roi ! », « Vive l'amour ! » et Wallis qui croyait le prudent mutisme de la presse britannique contagieux, s'apercevait enfin qu'elle ne s'appartenait plus, que le monde entier parlait de son idylle. Quant au roi, il se tenait sur la réserve, ne manifestant aucun étonnement superflu, mais n'en dissimulant pas pour autant ses sentiments.

Ils furent les hôtes du roi de Grèce qui s'assit entre Wallis et Lady Diana Cooper qui rapporte que Wallis était en grande forme : « Sa conversation était éblouissante et le roi de Grèce fut stupéfait et amusé par tant de virtuosité. » Pourtant, Wallis ne se faisait guère d'illusions. Elle profitait pleinement du présent sans songer à l'avenir.

L'escale d'Athènes fut l'occasion pour le roi d'aller saluer la colonie britannique de la ville à la légation de Grande-Bretagne. Wallis refusa sagement de l'accompagner : c'était lui que l'on voulait, pas elle. Le roi fut contrarié, mais n'avait-elle pas raison ? Dans ses *Mémoires,* il nous dit que tandis que le yacht fendait les eaux tumultueuses des Balkans à petite vitesse, il voyait s'amonceler de lourds nuages menaçants.

« L'Europe était directement visée, oui, mais je devinais que ma vie privée l'était aussi. La presse américaine était obsédée par mon amitié pour Wallis et ne nous laissait pas une seconde de répit. »

Lady Diana Cooper, dans *The Light of Common Day,* s'est livrée à une étude peut-être encore plus pertinente de la situation. La croisière se déroulait sans accroc, mais tout baignait dans une étrangeté inconfortable où l'on aurait pu percevoir le commencement de la fin.

En Turquie, le roi et Wallis rencontrèrent Mustapha Kemal et embarquèrent à bord de l'Orient-Express, conduit par... le roi Boris de Bulgarie, qui s'était piqué de prendre la place du cheminot de la locomotive.

De Zurich, le roi prit un avion pour Londres, et Wallis se dirigea vers Paris. Un nombreux courrier l'y attendait. Il ne contenait rien de bon. On lui adressait des coupures de la presse américaine, qui ne la ménageait pas. La tante Bessie ponctuait ses missives d'extraits de journaux tout aussi éloquents. Elle s'ouvrit au roi de ses désagréments par téléphone :

— N'accordez pas de crédibilité à ces mensonges dont j'ai été moi aussi victime, lorsque j'étais à Long Island.

Un yacht constitue un monde fermé, isolé à la réalité : le roi et Wallis avaient été acclamés par les gens de la rue. Le régent de Yougoslavie, le roi de Grèce, le dictateur de la Turquie s'étaient inclinés devant eux, les avaient divertis, mais au-delà de ces apparences... Oh, certes, Wallis avait pu apprécier le charisme du roi, aimé, adoré, respecté par tous et ne regardant qu'elle, mais au-delà du miroir... Elle qui déployait tant de finesse, tant d'intuition ne soupçonnait pas que c'en était fini de ces hourras, de cette admiration. Combien de fois, allongée sur le pont du *Nahlin,* contemplant les vagues, ne s'était-elle pas interrogée : « Qu'adviendra-t-il de nous ? » Le roi était le roi, la planète tremblait sous sa volonté et obéissait à son bon vouloir... Erreur ! Alors, que faire ? Oh, si elle pouvait seulement descendre du piédestal trop haut où le roi l'avait placée ! Les lettres, les « vilaines » coupures de presse avaient brisé l'enchantement.

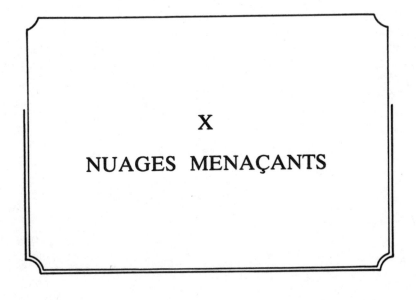

X

NUAGES MENAÇANTS

> « *Un protestant qui a besoin d'un conseil ou d'une aide quelconque n'a qu'un seul recours : son homme de loi.* »
>
> DISRAELI

De retour en Angleterre, Wallis s'en alla consulter Me Goddard qui échafauda un plan quelque peu bizarre pour hâter son divorce : l'affaire serait jugée par la cour d'Ipswich, mais il lui avait loué une maison à Felixstowe afin qu'elle pût échapper à la juridiction d'Ipswich. Le stratagème était cousu de fil blanc : les journalistes, qui avaient le nez creux, seraient là, à Ipswich ! Ces complications, ces intrigues produisirent le résultat contraire à celui escompté par l'homme de loi : le futur divorce de Wallis Simpson devint un fait divers national. Wallis avait eu tort de faire confiance à Me Goddard. Sa bonne foi, son « innocence » avaient été trompées. Pendant ce temps, le roi agissait comme si de rien n'était. Il recevait à Balmoral, les Malborough, les Buccleuchs, les Rosebery... Mais pas cette vieille langue de vipère d'archevêque de Canterbury qui avait eu jadis les faveurs du roi George V..., et Wallis ! Le photographe et décorateur Cecil Beaton observa de très près les invités de Balmoral qui, brusquement, semblaient jouer tant bien que mal une comédie cinématographique : les femmes anglaises étaient trop grandes, mal attifées, leurs vêtements respiraient l'ennui, elles ne prenaient pas soin de leurs coiffures. Quel contraste avec l'élégance nette et classique de Wallis Simpson dont le nom apparaissait toujours dans le *Bulletin de la Cour*.

Wallis n'habitait plus Bryanston Court, mais Cumberland Terrace, dans Regents Park, où elle avait déniché un appartement meublé. Mais ces problèmes d'intendance étaient sans importance. Les nouvelles n'étaient pas bonnes.

Le Premier ministre, M. Baldwin, avait demandé une audience au roi à Fort Belvedere. Lorsqu'il reprit sa place à son bureau, il trouva un tas de coupures de presse affluant des États-Unis, de divers pays, des Dominions, qui toutes gloussaient à qui mieux mieux sur l'idylle du roi et de Mme Simpson. Il confia ses inquiétudes au roi à propos du divorce de cette « personne ». Le roi ne pouvait-il la persuader de renoncer à ses « projets » ?

Le roi s'écria qu'il n'en ferait rien.

— Alors, je ne réponds plus de la presse, rétorqua Baldwin, un jour ou l'autre, le scandale éclatera.

Le roi était-il en mesure de « museler » les journaux ? Lord Beaverbrook et Esmond Harmsworth, deux des plus puissants magnats du papier imprimé, avaient accepté par amitié pour le roi de n'accorder qu'une place réduite au jugement d'Ipswich, mais qu'en serait-il des autres titres ?

Wallis se conforma scrupuleusement au plan de bataille de Me Goddard. En compagnie de ses amis, M. et Mme George Hunter, elle s'installa à Felixstowe. La date fatale était fixée au 27 octobre. Me Goddard n'avait pas ménagé le moral et le confort de Wallis : la maison qu'il lui avait dénichée était lugubre et malcommode. Mais ce n'était qu'un lieu de passage. Elle bouclait déjà ses valises pour repartir vers Londres. Mais elle avait d'abord à affronter ses « juges ». Celui qui avait à statuer sur son affaire, elle le sentait, lui fut dès le début hostile et lui accorda, presque à contrecœur, le divorce. Elle était enfin libre.

Pas tout à fait, cependant. Dehors, les journalistes piaffaient d'impatience, lui barraient le chemin. D'autres difficultés l'attendaient, et d'un autre ordre.

Dans l'Angleterre des années trente, le divorce dépendait encore de l'Église, qui imposait au sujet six mois de probation, six mois de chasteté absolue Si Wallis était surprise dans une situation douteuse, si l'on soupçonnait qu'elle avait enfreint la loi, le Protecteur du roi cassait immédiatement la sentence et rendait Wallis à son époux. Inutile de discuter du caractère barbare et démodé de cet article qui appartient, heureusement, au passé. Mais pour l'instant, Wallis ne pouvait se permettre un faux pas sans déclencher une incroyable vague d'hostilité.

Wallis n'était pas sotte ; elle allait mettre tous les atouts de son côté, offrir à l'opinion publique un visage clair. Qui oserait l'accuser de félonie ? Sa tante, M\u1d50\u1d49 Merryman, n'était-elle arrivée pour la chaperonner ?

Le 3 novembre, l'ouverture du Parlement fut saluée par le *Times* en ces termes : « Une nouvelle page de l'histoire du Parlement vient d'être tournée. Un jeune souverain a prononcé son premier discours, assis sur le trône de ses ancêtres. Incarnation vivante du Trône, sa stature royale en fait le symbole même de l'État. »

Et pourtant, Édouard VIII ne renouvellerait jamais plus semblable expérience, ne serait jamais plus admiré. Jamais, jamais... Harold Nicolson n'aurait jamais plus l'occasion de s'extasier sur cet homme « que l'on aurait cru à peine âgé de dix-huit ans », sur cet imperceptible accent cockney transpirant tout au long de son allocution. Le 11 novembre, le roi déposa, comme le veut l'usage, une couronne de coquelicots au monument du Cénotaphe et rallia, la nuit même, Portland où il demeura deux jours avec la Home Fleet. Il était bien parmi les marins de la Flotte, qui vantaient son charme, sa dignité, son autorité et ce sens de la camaraderie qui impressionnaient tant.

Le 13 novembre, à Fort Belvedere où l'attendaient Wallis et sa tante, il eut enfin connaissance d'une lettre envoyée par son secrétaire particulier, Alec Hardinge, qui allait mettre le feu aux poudres et le mener à l'abdication. Cette lettre, il la lut dans le train, et eut donc tout loisir d'en peser la teneur. Les journaux, écrivait Hardinge, sont prêts à divulguer le « pot aux roses ». Cela signifie que le gouvernement démissionnera. Le roi sait fort bien que « les choses étant ce qu'elles sont », il lui sera impossible d'en former un autre. « Que Votre Majesté veuille pardonner mon audace, mais je ne vois qu'une solution qui éviterait la crise, qui nous épargnerait une fin aussi dramatique : que M\u1d50\u1d49 Simpson s'éloigne sans délai. Je supplie Votre Majesté — qui connaît la versatilité de la presse — d'accorder la plus bienveillante attention à ma suggestion. Le temps nous est compté. »

Indécis, inquiet, le roi fit quérir Walter Monckton. Il avait besoin de lui, immédiatement, à la descente du train à Windsor. Le roi avait connu Monckton à Oxford. Il écoutait cet homme de loi dont la compréhension, l'intelligence, la gentillesse l'avaient porté à de hautes fonctions. En 1932, il avait été nommé conseiller officiel du prince de Galles. Ce dimanche-là, Édouard VIII confia une autre mission à Monckton : il serait son trait d'union avec le 10, Downing Street, la résidence du Premier ministre, et remplacerait donc Hardinge. « A dater de ce jour, Monckton fut entièrement dévoué à ma cause, écrit Édouard VIII dans ses *Mémoires,* sa générosité, son courage en firent mon homme lige. » Édouard VIII se méfiait-il de Hardinge ? Peut-être. Car Hardinge n'avait rédigé la fameuse lettre qu'après avoir discuté avec le Premier ministre. Le roi comprit qu'il devait, lui aussi, rencontrer Baldwin.

Le roi montra la lettre de Hardinge à Wallis et lui répéta ce qu'il avait dit à Monckton : « Si le gouvernement s'oppose à notre mariage, je partirai. » Wallis fut atterrée : que le roi ne cède surtout pas au premier mouvement !

— Nous trouverons une voie différente.

— Non ! répondit le roi, brandissant la lettre, ceci est un ultimatum, et je ne peux plus reculer.

Wallis hasarda qu'elle pensait qu'il était préférable qu'elle quittât l'Angleterre, il refusa Alors, dit-elle, qu'adviendra-t-il de nous ? Nous sommes piégés, l'issue de la confrontation risque d'être tragique, et c'est lui qui sera victime de ce... Mais il ne l'écoutait pas, il s'accrochait désespérément à sa résolution : il manderait M. Baldwin, il lui répéterait « si le pays est contre nous, je suis résolu à me retirer ». Tremblante de frayeur, angoissée, Wallis rentra à Cumberland Terrace, laissant le roi sur ses positions. Combien de fois, par la suite, ne s'est-elle pas reproché de ne pas avoir été assez hardie pour fuir ? Mais avait-elle le droit de déserter, alors qu'elle savait que sa seule présence retenait encore le roi aux marches du trône ? Shakespeare aurait dit : le roi n'avait pas plus de volonté qu' « un canard apprivoisé ».

Si l'on en croit Harold Nicolson, Wallis confia ses intentions à Lady Colefax et nia farouchement toute éventualité de mariage.

— Puis-je rapporter cette bonne nouvelle à Neville Chamberlain ? demanda Lady Colefax.

— Mais oui, répondit Wallis.

Les ministres, eux, avaient été déjà avertis par Baldwin de

Illustrations

*Le plus fascinant
des aviateurs :
Earl Windfield Spencer.*

*Wallis entourée de
ses demoiselles d'honneur,
à son mariage,
le 12 novembre 1918
à Baltimore. Assise
à gauche, Mary Kirk,
l'amie de Wallis, qui
épousera Ernest Simpson,
après son divorce.*

De gauche à droite, à Fort Belvedere : Euan Wallace, Wallis, Evelyn Fitzgerald, Barbie Wallace, le prince, Hugh Lloyd Thomas, et Mme Fitzgerald.

Déjeuner à bord du yacht Nahlin : *Wallis et le roi de Grèce, le roi George VIII et Mme Fitzgerald.*

Wallis et le roi, lors des jours heureux : en touristes sur la côte dalmate, durant la croisière sur le Nahlin *en 1936.*

Durant la croisière de 1936 : Wallis et le roi à Pompéi.

Katherine Rogers, Wallis et le roi à Portofino.

Daily Express

RADIO PROGRAMMES: PAGE 23.

ONE PENNY

TODAY'S WEATHER: FOG

THURSDAY, DECEMBER 10, 1936

No. 11,411

CABINET SUMMONED IN PREMIER'S ROOM LAST NIGHT: DEFINITE DECISION TO BE ANNOUNCED TODAY

ABDICATION IS FEARED

QUEEN MARY SEES HER SON AT WINDSOR

Message From Fort Belvedere Read To Cabinet

DOUBLE POLICE FORCE ON DUTY IN LONDON TODAY

HISTORIC DRAMA IN PARLIAMENT

A COMMUNICATION FROM THE KING WAS READ TO A SPECIAL MEETING OF THE CABINET CALLED SUDDENLY AT THE HOUSE OF COMMONS LAST NIGHT. IT WILL BE ON THE BASIS OF THIS THAT MR. BALDWIN WILL MAKE A DEFINITE AND CONCLUSIVE STATEMENT TO PARLIAMENT ON THE CONSTITUTIONAL ISSUE

DOWNING-STREET FOR AFTER YESTERDAY'S MEETING

THE WEATHER

Vol. 51

King Ba

PRIME MIN HIS TAS YORK

Monarch's Prem

CORONA EVE

Pope's Condition Continues To Show Improvement, Hopes To Be Up Today
— Page 12

SUN

24 Pages

2 Cents

TUESDAY, DECEMBER 8, 1936

EDWARD LIKELY TO RENOUNCE MARRIAGE PLANS, IS BELIEF SPREADING THROUGH LONDON

Willing To Give Up Edward

Mrs. Simpson, throughout the last few weeks, has invariably wished to avoid any action or proposal which might hurt or damage his Majesty or the throne. Today her attitude is unchanged, and she is willing, action will solve the problem, to withdraw situation which has become both

Gas Companies Millions of Raw every year

OFFER BY MRS. SIMPSON TO WITHDRAW ISSUED AT CANNES BY AIDE OF

This Fact And Report That Ruler Knew O ment Before It Was Given Out Strength Speculation Wedding Is Off

PRESS PRAISES DIVORCEE' ACTION IN EMPIRE C

Paper Calls It "Her Great Gesture"—C Backer Of Monarch, Rebuffed In House Baldwin Is Given Ovation

By PHILIP WAGNER
[London Bureau of The Sun]

London, Dec. 7—The statement from Cannes by M Warfield Simpson in which she offers "to withdraw forth a situation which has been rendered both unhappy and u will dominate the crisis news in the English papers morning.

Much is made of the fact that the statement was rea Brownlow, who not only is an intimate friend of the Kin is his lord-in-waiting. This strongly indicated that Edwa about the statement before it was made. Few believe Lo low could have made it, considering his court status, w King's consent.

Now Believe Marriage Is Off

Thus for a moment the wild speculation which La been using for the last few days as a substitute for real d around for the time, at least, to a belief that th his throne, but will choose renun and Baltinorean as a

gift of stockings)
— What a thought
ear Brand
Stockings?
— Better still

DESP RID LEAVE

LATES

Telephone

CONSTITUT

PREM

AT

The Du

M.P.s CH BY MR.

"No Irrevoc Statemen

SURPR CO

No. 11,406

CHERRY'S
IDEAL FOR XMAS SANDWICHES
5

No. 11,406

DAILY EXPRESS Friday, Dec. 4

OSS HEAD FROM EUROPE

Expects 'Another ascist Assault Soon

25,000 Executed In Madrid

Portrait d'Edouard VIII qui sera utilisé sur les timbres et les pièces de monnaies britanniques.

La presse anglaise au moment de l'abdication du roi. (voir au verso)

Le duc et la duchesse, le jour de leur mariage à Candé, en 1937 (ci-contre)

Rencontre de la reine mère
et de la duchesse de Windsor
aux obsèques du duc de Windsor,
à la chapelle Saint-Georges
du château de Windsor.

*La duchesse de Windsor marraine du fils de Henry et Linda Mortimer,
en 1969. Linda est la fille du major Metcalfe.*

l'obstination du roi. « Le roi n'a-t-il pas prévenu Baldwin avant Wallis ? » songèrent Harold Nicolson et Lady Colefax... mais Harold Nicolson se trompait. Comme la plupart des gens en cette période troublée, il se laissait aller aux chants des sirènes de la rue, il prêtait à Wallis une insouciance, une légèreté qu'elle ne possédait pas. Passe encore pour Lady Colefax qui n'avait jamais brillé par sa perspicacité et sa finesse, mais Harold Nicolson, cet homme raffiné, cet ami de Virginia Woolf...

Le roi comptait ses alliés. Lord Beaverbrook voguait vers les États-Unis, un coup de téléphone d'Édouard le rappela au pays. Beaverbrook eût peut-être préféré soigner son asthme au milieu du désert d'Arizona, il fut pourtant tout excité de rebrousser chemin et de plonger au cœur de la tempête. La lutte promettait d'être chaude. Stanley Baldwin était un adversaire de choix ! Le roi vit donc le Premier ministre : le cabinet était préoccupé. Lui et une divorcée ! Avait-il oublié qu'elle serait reine de Grande-Bretagne ?

— Il y a des choses que le peuple tolère, mais n'exaspérons pas sa patience, décréta-t-il avec le ton d'un sondeur d'opinions de l'institut Gallup.

— J'épouserai Mme Simpson dès qu'elle sera libre, trancha le roi, sinon...

« Lorsque je formulai cette menace, rapporte-t-il, Baldwin me regarda fixement, une expression de stupeur au visage. »

Mais la journée terrible n'était pas encore achevée. Le roi s'invita à dîner chez sa mère, la reine Mary, la princesse royale assistait également à l'entretien. Il leur rapporta son dialogue avec le Premier ministre : « Au fur et à mesure que je tentais de justifier ma conduite, d'expliquer que rien ne me détournerait, je vis leurs traits s'altérer, se crisper sous l'effet de la consternation. »

— Soyez bonne, recevez-la. Vous comprendrez ce qu'elle représente pour moi et pourquoi je ne puis me séparer d'elle.

— Non, dit la reine qui n'avoua pas à son fils qu'elle avait juré au roi George V de ne jamais tolérer cette femme en sa présence. (« Le pauvre garçon est amoureux fou », avait-elle dit à Lady Airlie.)

Elle se garda aussi de lui révéler que son père souhaitait que son frère le duc d'York lui succède. Au moment de la séparation, la reine souhaita à son fils bon voyage jusqu'à la région minière du pays de Galles.

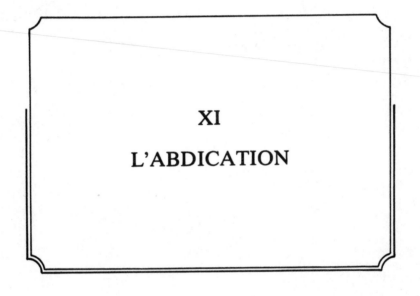

XI

L'ABDICATION

> « *Les titres ne sont que du vent, les couronnes, des joujoux creux ; la fin des rois fait le bonheur du peuple.* »
>
> Daniel DEFOE.

Malgré son angoisse, le roi ne pouvait se dérober à son devoir. Il accepta donc, et ainsi qu'il avait été prévu depuis longtemps, la tournée de deux jours dans la région minière de la Galles du Sud. Mais quel accueil lui réserverait-on ? Le conseil municipal de Brynmawr tomba finalement d'accord pour que l'on tendît une banderole de part et d'autre de la route qu'il emprunterait, sur laquelle on lirait ces mots : « Nous avons besoin de vous. » C'est à Dowlais, au milieu des aciéries abandonnées, que le roi prononça la phrase historique : « Il faut prendre une décision », entre une double haie d'hommes aux visages tendus et défaits. Les reportages photographiques effectués pour cette occasion témoignent de la ferveur du peuple : le Premier ministre, les officiels du cortège essayent de canaliser la foule, de ramener le roi vers eux, mais le roi les écarte, se mêle aux assistants...

Édouard VIII n'ignorait rien des graves problèmes économiques accablant la Rhondda Valley. Lorsqu'il n'était encore que prince de Galles, le chômage, la misère de cette partie du pays l'avaient profondément choqué. Il était sur place en 1932, au plus tragique de la crise qui frappait trois millions de travailleurs, paralysait toute une nation. Le cauchemar s'était évanoui, mais la Galles du Sud continuait à être « la parente pauvre » du royaume. La prospérité, c'était pour les Middlands, pour les autres comtés privilégiés. En son temps, Disraeli avait désigné la Galles du Sud comme un « pays à part ». C'était plus que jamais vrai. A la « sécession » sociale s'ajoutait maintenant la « sécession » géographique. Dans certains points du pays, les usines étaient fermées, il n'y avait pas d'argent, pas de pain...

L'année 1936 n'apporta aucune amélioration notable, partout régnait le désespoir. Pourtant, à Brynmawr, la population avait revêtu ses plus beaux habits et se résignait à piétiner des heures durant dans le froid pour apercevoir le souverain. Seul le « Bienvenue à notre prince » avait été remplacé par ce terrible et poignant appel au secours qui frappa tant le roi qui sut, une fois de plus, par son attitude compatissante, l'aura de sa personnalité, être à la hauteur de sa « légende ».

Une légende qui ne s'altéra jamais au cours des années. Une légende avec laquelle il fallut compter lorsqu'il eut à affronter l'épineux problème de l'exil, du choix d'un lieu où enfin se fixer.

Mais pour l'heure, la réponse donnée à son interrogation soulignait d'une éclatante manière l'extrême faiblesse de ses moyens, de son action possible. Baldwin pouvait se réjouir : le roi lui offrait enfin l'occasion de se débarrasser de lui, mais on imagine aisément les sentiments d'Édouard VIII... Il n'était rien ! juste bon à inaugurer les chrysanthèmes ! Il était roi ? Oui, mais face à la misère, face à ces êtres méprisés par le reste de l'univers, il ne pouvait dire sa souffrance (1) et son étonnement meurtri. Alors, à quoi bon être roi ! Le plus extraordinaire de l'histoire, c'est qu'on le critiqua pour avoir osé penser le contraire. Stanley Baldwin qui répugnait à faire un mouvement de trop, à élever le ton, exprima son mécontentement ; et voilà que la presse s'emparait de l'affaire ! et voilà que les très respectables parlementaires du parti tory, assis sur leur confortable majorité, en furent troublés. On allait leur

---

(1) Dans son ouvrage *Food, Health and Income*, Sir John Boyd Orr a étudié l'alimentation de quelque 1 000 familles. Ses conclusions sont des plus alarmantes : plus de 4 millions et demi d'individus souffraient alors de carences alimentaires. Seebohm Rowntree précise, lui, que 49 % des enfants d'ouvriers de moins de cinq ans étaient sous-alimentés, vivaient dans des conditions extrêmement précaires.

demander de ne plus se voiler la face ! *Shocking !* « Ce que j'ai vu, là-bas, surenchérit le roi, exigeait un minimum d'humanité. C'est bien peu au regard de cette vision d'enfer » : de misérables maisons, les usines laissées à l'abandon, les traits creusés, pâles de tous ces hommes, de toutes ces femmes des vallées de Rhondda et de Monmouth. Oh, les politiciens de Westminster n'étaient pas si mauvais que cela, mais ils avaient d'autres soucis en tête que le bien de lointains étrangers, leur ignorance des problèmes de la Galles du Sud les privait de tout jugement critique comme de toute action efficace.

Cet épisode si douloureux conforta-t-il le roi dans sa résolution de ne plus « faire de quartier ? » Toujours est-il que de retour à Londres, il rencontra ses trois frères pour les instruire de sa décision.

Pourquoi le roi a-t-il abdiqué ? Depuis plus de quarante ans, nous ne cessons de nous poser cette lancinante question à laquelle Walter Monckton a répondu en précisant :

« Nul ne pourrait comprendre le roi s'il ne considère l'immense et profond attachement qui le liait à Mme Simpson. Pour lui, elle représentait la perfection. Celle qui lui soufflait qu'il devait se surpasser, dominer ses appréhensions. Son amour pour Wallis n'était pas uniquement physique. Il y avait entre lui et Mme Simpson une entente intellectuelle réelle, des rapports spirituels très forts qui comblaient le vide de son existence solitaire. »

Walter Monckton va encore plus loin en insistant sur l'aspect religieux du problème : en effet, le roi croyait très fermement au Bien et au Mal.

« Le Dieu qu'il priait était un Tout impérieux, omniprésent, plus proche d'un père fouettard que d'un Dieu de miséricorde... c'est ce que l'on disait dans l'entourage du roi, ce qui n'est peut-être pas exact. »

Une chose est certaine : le roi haïssait les tartufes, les courtisans serviles qui eussent parfaitement admis qu'il restât sur le trône en faisant de Wallis sa maîtresse officielle. Sa loyauté, son amour pour Wallis se révoltaient contre ce genre de compromis que les plus « dévots » eussent supporté en fermant hypocritement les yeux.

Alors que le roi se trouvait au pays de Galles, Esmond Harmsworth invita Wallis à déjeuner au Claridge : pourquoi n'épousait-elle pas morganatiquement le roi ? L'idée ne déplut pas à Wallis.

Elle était américaine, donc prête à ne s'offusquer de rien de ce qui venait de l'Europe, surtout lorsqu'il s'agissait d'une proposition aussi « originale » et romanesque. Mais, le roi... son esprit chevaleresque ne se plierait jamais à cette compromission qui ferait de Wallis une nouvelle « Back Street », une éternelle « seconde » promise à l'ombre, soumise aux intrigues et aux ricanements des courtisans. Le roi avait eu l'occasion de vérifier le sort peu enviable que l'on réservait aux époux morganatiques : son grand-père, Francis de Teck, en avait souffert, la reine Victoria avait tout fait pour casser les projets de mariage de sa mère, la reine Mary. Il ne pouvait oublier le malheureux exemple de l'héritier du trône de l'empire d'Autriche-Hongrie, l'archiduc François-Ferdinand. L'empereur François-Joseph avait donné à la comtesse Sophie Chotek le titre de Fürstin Hohenberg, mais cette distinction ne lui conférait aucun droit, elle restait « l'intruse », celle dont les enfants ne régneraient jamais. Il fallut l'attentat de Sarajevo, sa mort horrible aux côtés de son mari pour qu'elle sortît enfin de l'anonymat.

Pourtant, le roi se laissa un moment aller à cette perspective. Il en parla à Stanley Baldwin qui fut trop content de ce que Lord Beaverbrook considéra comme une erreur tactique : le cabinet et les dominions refuseraient cette alternative inspirée — crime de lèse-majesté ! — par un précédent venu de l'étranger !

Mais le roi n'avait pas que des ennemis au sein du cabinet. Face au cagot M. Baldwin, certains ministres penchaient en faveur du roi. Et il y avait Winston Churchill qui, même momentanément éloigné de la politique, pèserait de tout son poids dans la balance. Le temps pressait, Churchill, Duff Cooper, Beaverbrook le sentaient. Mme Simpson devait passer l'hiver hors de Londres, le roi devait accepter d'être couronné le 12 mai. Ensuite... Mais, naturellement, le roi ne fut pas de cet avis. Quoi ! traiter aussi légèrement la cérémonie du couronnement, ce face à face avec Dieu, son serment à la Cause divine et royale ! Ces hommes étaient d'un cynisme !

Wallis aurait, elle, volontiers écouté le « clan » des Churchill..., elle suppliait le roi de la libérer de sa délicatesse coutumière, car elle savait combien Édouard était sensible et meurtri. Mais elle savait aussi qu'elle était arrivée à un tournant de son existence. Que faire ? Perdre son amour, dire adieu à ces deux années de bonheur enchanté ? Le forcer à renoncer à son trône ? Wallis ne nourrissait plus aucune illusion. Le jeu était faussé d'avance. Et si le roi s'adressait à la nation à la radio ?

Les « hostilités » éclatèrent le 1er décembre. Ce jour-là, en effet, dans son discours épiscopal, l'évêque de Bradford déplora que le roi fît si peu cas de la Providence divine pour le guider sans son « errance ». L'allusion était claire en dépit du fait que l'évêque de Bradford n'avait jamais entendu parler de Mme Simpson, n'avait pas lu une seule des coupures de presse ragotant sur « l'Affaire ». Le 2 décembre, les journaux de province rapportaient l'incident. Le 3, c'était au tour des journaux de tout le pays : le *Times* restait fidèle à la raison d'État, le *Daily Mail,* le *Daily Express* prenaient, suivant l'opinion de leurs propriétaires, amis du roi, fait et cause pour le couple, le *News Chronicle* penchait pour le mariage morganatique.

L'Angleterre était partagée en deux.

A Londres, la vie devint impossible pour Wallis. Presque chaque jour, elle trouvait à son courrier des lettres d'insultes et de menace. Elle ne pouvait faire un pas dans la rue sans être abordée, dévisagée, les journalistes la traquaient. Sa photo s'étalait à la une des premières pages des quotidiens :

— Je vais partir, dit-elle au roi, j'aurais dû le faire lorsque vous m'avez montré la lettre de Hardinge. Vous ne me retiendrez pas, je pars.

Cette scène se déroulait à Fort Belvedere où Wallis s'était réfugiée avec sa tante. Le roi téléphona immédiatement à Lord Brownlow en le priant d'emmener Wallis en France, chez les Rogers.

Lord Brownlow, d'accord avec le roi, arrangea les préparatifs du voyage qui se ferait en voiture et non par train : les rideaux hermétiquement tirés sur le wagon de Wallis auraient immanquablement attiré les soupçons des journalistes. Lord Brownlow et Wallis prendraient le ferry pour Dieppe dans le plus grand secret après une halte à Belton, la demeure de Lord Brownlow qui remarqua :

— En laissant le roi décider seul de son sort, vous ouvrez la porte à toutes les suppositions. Beaucoup de gens, en Angleterre, s'imagineront que vous, que nous, n'avons qu'une hâte : fuir le danger.

— Expliquez-vous, insista Wallis, je ne comprends pas.

— Eh bien, répliqua Brownlow, croyez-vous que vous partie, le roi demeurera en Angleterre ?

Il ne prononçait pas ces paroles en l'air : le roi lui avait confié qu'il ne reculerait plus.

« Connaissant Édouard comme je le connaissais, écrit Wallis dans ses *Mémoires,* je ne pouvais douter de sa fermeté. Mais j'étais piégée : si je restais, si je ne parvenais pas à convaincre le roi, on m'accuserait d'influencer secrètement le roi et le pousser à se détourner de son devoir. »

Lord Brownlow et Wallis firent le trajet jusqu'à Newhaven en discutant intensément de leurs soucis. Ah, si le roi les écoutait, s'il renonçait à l'obsession du mariage ! ce serait enfin la fin de cette crise... Le chauffeur du roi, Ladbroke, était au volant, l'inspecteur Evans ne les quitta pas d'une semelle et avait l'œil sur tout, mais la course contre la montre vers la France, dans la Buick de Wallis, fut un cauchemar. Ils avaient vu les côtes anglaises s'éloigner le 3 décembre, ils n'atteignirent Cannes et la villa « Lou Viei » qu'aux premières heures du matin du 6 décembre. En 1936, les autoroutes n'existaient pas : la voiture traversa donc de nombreux villages et villes où les guettaient les journalistes.

A chaque pause, Wallis se précipitait dans un café, dans une cabine pour appeler le roi. Entreprise dantesque, car communiquer avec l'étranger était, en 1936, un tour de force. La communication était mauvaise, les paroles du correspondant parvenaient dans un brouillard de bruits divers fort désagréables. Wallis n'entendait rien de ce que lui disait le roi, hurlait ses recommandations. Dehors, Lord Brownlow pâlissait d'inquiétude à la pensée que les journalistes puissent surprendre ce dialogue de sourds. Le roi (il était alors à Fort Belvedere) criait lui aussi comme un putois et toute la maisonnée résonnait de ces paroles haut perchées. Les services secrets britanniques ne chômaient pas : les lignes étaient surveillées sans relâche. On s'en apercevait au « clic » significatif marquant la fin de la communication. Après avoir déjeuné à Évreux, Wallis remonta précipitamment en voiture en omettant de régler la note, élevée, du téléphone. Ils dormirent dans un hôtel de Blois, s'échappèrent à 3 heures du matin, mais à Lyon, le chauffeur commit l'imprudence de demander son chemin. Et ce fut la curée. Un passant s'exclama « Voilà la dame ! », la foule entoura rapidement le véhicule.

Ils déjeunèrent à Vienne, au restaurant de la Pyramide, dans la nuée des journalistes accourus des quatre coins de la planète.

Mme Point, la célèbre propriétaire de l'établissement, connaissait Wallis ; elle eut pitié de cette femme harassée et lui proposa quelque repos dans sa chambre. Pendant que les journalistes épluchaient les prix du menu de ce temple de la gastronomie, la gentille Mme Point faisait évader Wallis par la fenêtre des toilettes afin qu'elle pût gagner tranquillement la voiture. L'épuisante descente à travers le grésil et la neige reprit. A 2 heures du matin, Wallis et Lord Brownlow étaient à Cannes. Mais les abords de la villa étaient noirs de monde : Wallis se coucha sur le plancher de la voiture et Lord Brownlow jeta sur elle une couverture. Elle était saine et sauve.

Les conclusions de cette épopée étaient plutôt amères. Lord Brownlow n'avait pas su se ménager les journalistes qui se cramponnaient à ce qu'ils considéraient comme « l'affaire du siècle ». Lord Brownlow avait négligé la loi d'honneur des journalistes qui ont l'habitude de traiter « décemment » ceux qui leur rendent la pareille. Dommage que Wallis n'ait pu, comme elle en avait eu l'intention à Vienne, leur parler, leur dire qu'elle n'avait rien à cacher, qu'elle se rendait chez des amis, et voilà tout. Mais Lord Brownlow n'était pas partisan de cette politique de conciliation. Au contraire ! Il avait dramatisé les choses... Pourquoi forcer Wallis à se terrer sous une couverture ? En fait, ce n'était pas grave, mais ce voyage avait nécessité des efforts éprouvants et inutiles. Wallis et Lord Brownlow s'étaient conduits comme des repris de justice échappés de leur pénitencier. Ce qui était vraiment exagéré.

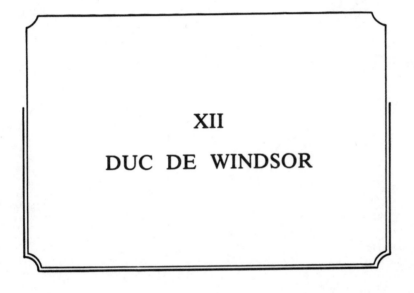

XII

DUC DE WINDSOR

> *« Prince, prince électeur des temps modernes*
> *Tu as bien servi le peuple,*
> *Prends les Chiltern Hundreds tant qu'il est encore*
> *temps ;*
> *Les nuages s'amoncellent au-dessus des Chiltern*
> *Hundreds. »*

G.K. CHESTERTON.

A Londres, les événements se précipitaient. Le roi peaufinait son allocution radiophonique dont le brouillon soumis à M. Baldwin avait été immédiatement rejeté. « Ni Mme Simpson, ni moi-même, n'avons exigé que ma future femme porte le titre de reine, s'écriait le roi, mais il est juste qu'elle soit dignement honorée, que les vœux de notre heureuse union soient comblés. » Impensable, répondit Baldwin, le Cabinet et les Dominions ont déjà examiné la question et refusé un mariage morganatique. M. Baldwin attentait calmement que le roi abdiquât. « Un instant, j'ai craint qu'il ne changeât d'avis », avoua-t-il, dévoilant ses batteries. Rien d'étonnant : M. Baldwin était un homme..., enfin, personne ne l'aimait. Sur un plan strictement politique, on peut dire qu'il a contribué au lent déclin de l'Angleterre. Quant à ses qualités physiques... il était d'un abord déplaisant, ses manières étaient détestables ; quand on se tenait devant lui, il ne cessait de se gratter. Harold Nicolson a remarqué ses tics, « il clignait des yeux, reniflait, se conduisait d'une façon névrotique ». Mais est-il entièrement responsable de l'abdication ? Peut-être pas. Dans le fond, son opposition reflétait les réticences de tous : un roi ne pouvait épouser une femme deux fois divorcée, dont les ex-maris étaient toujours vivants. « Mais dites donc que vous ne serez heureux que lorsque vous l'aurez brisé ! dites-le ! », cria Churchill à l'adresse de Baldwin alors qu'il annonçait au Parlement que le gouvernement n'était pas disposé à voter une loi instituant le mariage morganatique. Le 7 décembre, Baldwin s'adressa à la Chambre des communes. Une fois de plus, Churchill prit Baldwin violemment à partie, mais son intervention fut huée. Où étaient les amis du roi ? Lloyd George était en déplacement dans les Indes septentrionales. Tout ce qu'il put faire, ce fut d'envoyer un câble à son fils Gwilym et à sa fille Megam, qui siégeaient à la Chambre :

« J'espère que vous n'allez pas rejoindre la horde de busards de M\ᵐᵉ Grundy qui essaye de débusquer le roi de son trône. Il revient au pays de se choisir une reine, mais peut-on priver le roi du droit, propre à chaque citoyen de cette nation, de suivre son cœur ? J'imagine que s'il avait décidé de vivre en « marge », nous n'entendrions pas le concert des Scribes et des Pharisiens hurlant au scandale. Mais le roi, en dénonçant la misère, la détresse, les conditions d'existence précaires de certains de ses citoyens, s'est attiré la colère d'un gouvernement incapable de remédier à cette lamentable situation. Voilà ce que je voulais vous dire. Vous disposerez à votre guise de ce télégramme. Lloyd George. »

Lloyd George avait raison : les Scribes et les Pharisiens menaient le bal. Victor Cazalet (1) note dans son journal : « Stanley Baldwin a déclaré qu'il ne désapprouvait nullement l'inclination royale pour une putain. » A. J. Sylvester, le secrétaire de Lloyd George, remarque : « Lorsque Churchill a demandé un délai supplémentaire de réflexion, personne n'a daigné l'écouter. Sa fidélité au roi lui a coûté cher. « Lloyd George, Churchill œuvraient de loin ou de près à la cause du roi, mais dans le clan Baldwin, on se réjouissait que Lloyd George fût momentanément hors du pays. Churchill plus Lloyd George, deux formidables personnalités unies, c'était trop ! Mais Churchill et Lloyd George, présents, n'eussent pas réussi à

---

(1) Victor Cazalet, membre du parti Tory, était un ami intime de Baldwin. Adepte de la Christian Science, il était également un adversaire farouche de l'intempérance.

entamer le roi qui répugnait de plus en plus à diviser le pays. Il allait passer la main au duc d'York, en douceur, sans entamer la couronne.

Le 8 décembre, le roi réunit à Fort Belvedere ses frères, M. Baldwin et Sir Edward Peacock. Triste soirée. Le roi était si fatigué et angoissé que Walter Monckton lui suggéra de dîner dans ses appartements. Mais le roi descendit à la salle à manger, présida la table avec une parfaite dignité. « Il était le seul à ne pas être blanc comme un linge », précise Walter Monckton. « Ce dîner ! Un tour de force ! Oh, oui ! Je n'oublierai jamais les mots du duc d'York : « Regardez-le ! Nous ne pouvons vraiment pas le laisser partir. »

A Cannes, dans la villa « Lou Viei », Wallis, secondée par Lord Brownlow et Herman Rogers, s'adressait enfin aux journalistes qui n'avaient pas cessé leur siège et guettaient avidement les nouvelles. Sa déclaration trahissait son émoi et son angoisse devant la future abdication du roi, l'obligation qu'elle avait de ne pas être à ses côtés en cette pénible circonstance. « Tout au long de ces dernières semaines, le seul désir de Mme Simpson a été de ne nuire en rien, par quelque action, parole que ce soient, au bien de Sa Majesté et du Trône. Elle reste aujourd'hui fermement attachée à cette résolution, son souhait le plus cher, si son geste contribue à dissiper une équivoque dont le roi et elle-même ont profondément souffert, est de s'effacer. »

Wallis lut son « discours » par téléphone au roi qui, après un interminable silence, soupira : « C'est très bien, continuez à agir ainsi, mais cela ne fera aucune différence. »

Lord Brownlow transmit la déclaration de Wallis à la presse. Wallis était soulagée.

Le lendemain, le roi l'appelait pour la prévenir que Me Goddard allait incessamment se présenter à elle. « C'est encore un tour de Baldwin, lui dit-il, faites très attention, ne l'écoutez pas. » Tard dans la soirée, l'inspecteur Evans remit à Lord Brownlow une note signée par quatre correspondants britanniques à l'étranger : « Me Goddard, l'homme de loi bien connu, porte-parole de Mme Simpson, est arrivé à Marseille, à bord d'un avion spécialement affrété. Le non moins célèbre gynécologue, le docteur Kirkwood et son anesthésiste, l'accompagnent. « Quoi ? écrira Wallis, avec indignation, un gynécologue ? Un anesthésiste ? Quel affront ! Nous plongions dans la folie la plus totale. »

Me Goddard sonna à la porte de « Lou Viei » le mercredi matin. Une belle réception l'attendait à sa descente de voiture. Lord Brownlow était furieux, il exigeait des explications. Me Goddard bafouilla que le mauvais état de son cœur nécessitait la présence de son médecin durant un parcours aérien. Le prétendu « anesthésiste » était en fait son secrétaire. Quant au docteur Kirkwood, il n'était que généraliste, mais il avait mis tant d'enfants au monde qu'on avait fini, dans la bonne société londonienne, par croire qu'il était aussi gynécologue. On s'était mépris, c'était une erreur d'interprétation..., une erreur qui sema le trouble dans bien des esprits.

Me Goddard se confondit donc en excuses et en vint à l'objet de sa venue à Cannes. Mme Simpson devait renoncer au divorce : .

— Si le roi abdique, il songera tout naturellement à vous épouser.

— Si vous ne divorcez pas, nous marchons vers une tragédie dont il serait impossible de mesurer les conséquences, intervint Lord Brownlow.

Wallis téléphona au roi et lui rendit compte de sa décision. Il y eut un blanc. Puis, la voix chavirée, David répondit :

— Cela n'a plus d'importance. Les événements ont évolué plus vite que je ne l'escomptais.

Il passa ensuite l'appareil à George Allen :

— Le roi va abdiquer d'un jour à l'autre.

La nouvelle frappa de plein fouet Me Goddard qui se hâta de disparaître de la villa et... de l'Histoire. La délicatesse ne l'avait jamais étouffé : cette fois, son apparition avec un « gynécologue » et un « anesthésiste » avait tourné à la farce. Mais Wallis n'avait pas le courage de rire.

Son cœur saignait. Elle ne se résignait pas à obéir à Lord Brownlow qui lui conseillait de quitter l'Europe, d'embarquer à Gênes. Mais avant de fermer ses malles, il lui fallait encore subir une autre épreuve : annoncer au roi qu'elle renonçait à lui. Elle avait répété et répété ces paroles déchirantes, mais il ne la laissa pas continuer :

— J'ai l'impression que vous ne comprenez pas. C'est fini. Les plans de l'abdication sont prêts. Je ne me rendrai pas à ce que l'on me demande pour continuer à régner, c'est-à-dire, me séparer de vous, à jamais.

Il avait communiqué au cabinet ses derniers vœux. Wallis éclata en sanglots :

— J'avais échoué, lamentablement échoué.

Les habitants de « Lou Viei » se serrèrent sur un canapé pour écouter la transmission radiophonique de l'abdication du roi. Wallis dissimulait son visage derrière ses mains pour que l'on ne vît pas couler ses larmes.

M. Baldwin comparut devant la Chambre des communes.

— Le roi, dit-il, m'a prié de vous communiquer qu'il a toute confiance en son frère, son successeur, que « l'autre personne » dont nous connaissons les liens l'unissant à elle, a toujours lutté afin qu'il renonce à abdiquer. Il tient à saluer ses efforts constants, jamais démentis jusqu'à la fin.

Curieusement, M. Baldwin omit le second point des « ultimes volontés » d'Édouard. Walter Monckton rapporte que Wallis « encaissa » très mal cette nouvelle trahison. L'ex-roi, lui, ne décolérait pas, M. Baldwin était vraiment un être méprisable ! Le lendemain, Édouard se tenait devant un micro de la BBC. De par le monde, des millions d'individus étaient à l'écoute. Il avait écrit son discours avec Walter Monckton et Winston Churchill, accouru à Fort Belvedere, y avait apporté quelques retouches. Comme toujours, il était là, efficace, solide. Édouard était prêt. Il n'avait pas cédé aux injonctions de sa mère, la reine Mary :

— Ne pensez-vous pas que le Premier ministre s'est longuement expliqué..., cette intervention à la radio, ce soir, est superfétatoire. Vous pouvez encore vous éviter ce surcroît d'émotion et de fatigue. Je vous supplie de toute mon âme de m'écouter.

Mais les dés étaient jetés. Baldwin était un félon, l'ex-souverain avait amorcé un processus de non-retour. L'émission historique commença par l'intervention du patron de la BBC, Sir John Reith :

— Son Altesse Royale, le prince Édouard, va s'adresser à vous.

Puis il laissa Édouard seul dans cette pièce du château de Windsor où se tenait également Walter Monckton.

— Voici arrivée l'heure où je peux enfin ouvrir mon cœur. Je n'ai jamais voulu vous dissimuler quoi que ce soit, mais jusqu'ici la constitution m'interdisait de vous dire la vérité. L'homme qui vous parle aujourd'hui a renoncé, au profit de son frère, le duc d'York, à sa charge de roi et d'empereur. Mes premiers mots, sincères, sont ceux de mon allégeance à sa personne. Vous savez parfaitement pourquoi je renonce au trône, mais je veux que vous compreniez que cette décision ne signifie nullement que j'oublie mon pays et l'empire. Ce pays, cet empire, que depuis vingt-cinq ans j'ai servi comme prince de Galles, puis comme roi. Mais je vous demande instamment de comprendre qu'il m'est impossible de continuer à supporter l'énorme fardeau de ma charge sans le soutien de la femme que j'aime. Personne, je vous le jure, ne m'a influencé, j'ai choisi, seul, mon destin. Moi, seul, pouvais en décider en mon âme et conscience. La « personne » au nœud de cette affaire, je tiens à vous le dire, a tenté, mais en vain, de me dissuader. Je me suis résolu à cette alternative, la décision la plus capitale de toute mon existence, avec une unique pensée à l'esprit : le bien de tous. Les choses m'ont été facilitées car je sais que mon frère est moralement qualifié pour reprendre le flambeau sans que la survie et l'élan de l'empire n'en pâtissent. Outre son indéfectible attachement à l'empire, sa connaissance approfondie des affaires de l'État, il a la joie, partagée par un grand nombre d'entre vous, et qui m'est, hélas, interdite, d'être uni à une épouse merveilleuse et d'avoir des enfants.

Durant ces terribles épreuves, j'ai toujours trouvé auprès de ma mère et des miens un inestimable réconfort.

Je tiens également à rendre hommage aux ministres de la couronne, et à M. Baldwin, qui n'ont cessé de me traiter avec la plus grande considération. Aucun différend constitutionnel ne s'est élevé entre eux, moi, et le parlement. Instruit par mon père de la tradition constitutionnelle, je n'aurais jamais toléré qu'il en fût autrement.

Depuis mon accession au titre de prince de Galles et à la royauté, le peuple de Grande-Bretagne, où que je me trouve et voyage, m'a toujours manifesté une gentillesse sans pareille. Qu'il en soit ici remercié.

L'heure est donc venue pour moi de quitter la scène publique et de déposer mon fardeau. Combien de temps s'écoulera-t-il avant que je ne regagne ma terre natale ? Je l'ignore, mais où que je sois le souci de l'Angleterre et de l'empire sera toujours présent à mon esprit, et si Sa Majesté avait un jour besoin de moi, devenu simple citoyen, je répondrais présent. Nous avons, aujourd'hui, un nouveau roi.

Au roi, à son peuple, je souhaite, de tout mon cœur, bonheur et prospérité.

Que Dieu vous bénisse.

Que Dieu bénisse le roi.

De par le monde, les millions d'auditeurs suspendus à ce discours, à cette voix reconnaissable entre toutes, furent pendant quelques minutes émus, choqués. Pas de doute, ils venaient d'assister à un événement dont le brio, bien sûr, les frappait, mais qu'ils n'étaient pas près d'oublier.

Après l'émission, le prince Édouard, devenu par la grâce de George VI, duc de Windsor, se rendit à Royal Lodge pour prendre congé de sa famille ; ensuite, Walter Monckton le conduisit en voiture à Portsmouth. L'amiral Sir William Fisher vint, les larmes aux yeux, le saluer au nom de la marine. Et le duc de Windsor embarqua à bord du *HMS Fury* en direction de la France, en compagnie du major Ulick Alexander et de son fidèle ami, le capitaine « Joey » Piers Legh : sa destination était Schloss Enzesfeld, en Autriche, où il séjournerait avec le baron Eugen Rothschild.

Lorsque les passions s'apaisèrent, on demanda à Lord Beaverbrook pourquoi un homme tel que lui, qui avait une si piètre opinion de la monarchie et n'avait avec elle que peu d'affinités, avait accepté de revenir des États-Unis pour courir au secours du roi.

— Pour enfoncer Baldwin (1), répondit-il.

En fait, il espérait que ceux que Churchill appelaient les « bons » messieurs de Westminster allaient démissionner et seraient remplacés par une coalition dirigée par Churchill, dont il ferait également partie. Hypothèse toute gratuite ! Car même ceux (et ils étaient nombreux) qui méprisaient, détestaient Baldwin n'auraient pu accepter une telle éventualité trop risquée (2) qui aurait divisé le Parlement et le pays, et très certainement entamé la monarchie.

(1) Le biographe de Lord Beaverbrook, Tom Driberg, remarque qu'il n'y a pas réussi.

(2) Churchill qui, en privé, ne se gênait pas pour qualifier Baldwin d' « être méprisable », n'aurait jamais suivi Beaverbrook.

Beaverbrook se moquait comme de sa dernière chemise de la monarchie : il se déclara très désappointé de ce que « notre coq » (ainsi désignait-il le roi) ait refusé de se battre. Le manque de pugnacité de l'ex-souverain avait facilité le glissement sans heurts, la transition vers un autre règne. Lorsque le duc de Windsor prit congé de Churchill, ce dernier cita les vers de ce poème :

« Cette scène mémorable
Ne provoqua chez lui aucun mouvement vulgaire ou déplacé. »

Il n'en fut pas de même du tristement célèbre Cosmo Lang, l'archevêque de Canterbury. Le dimanche 13 décembre, Cosmo Lang fustigea, dans son sermon retransmis à la radio, l'ex-roi et son entourage.

Dans la biographie qu'il a consacrée à Walter Monckton, Lord Birkenhead écrit : « Je ne trouve aucune excuse à cet acte déplorable. Le roi s'était éclipsé comme un gentleman, ainsi que le remarque Walter Monckton, il avait refusé de devenir l'alibi d'une crise qui aurait pu nuire à l'État. » En Angleterre, on n'apprécia guère l'homélie du prélat, on ne se gêna pas pour le brocarder :

« Vous faites un beau ronchonneur, mon seigneur
Et quel courage pour accabler un homme à terre !
Comme vous êtes chiche de charité chrétienne.
Oh, vieux cochon de Lang !, tout plein de la dignité de Canterbury ! »

L'archevêque d'York n'avait pas ménagé ses traits contre le roi, mais Cosmo Lang reçut le plus d'attaques.

On prête à la nature britannique une certaine hypocrisie... ne domina-t-elle pas en effet le déroulement dramatique de l'abdication ? Baldwin ne se remit jamais complètement de la « mollesse » du roi, de son incapacité à lutter contre ses ennemis, et contre lui-même au plus pathétique de l'affrontement. Baldwin aurait souhaité un combat de géants, une lutte implacable et métaphysique... tout était perdu, mais qu'importait ! On l'avait trompé, on lui avait volé sa victoire. « Le roi s'est contenté de nous regarder du haut de son enfer », confia-t-il à Victor Cazalet qui a consigné dans son *Journal* la lettre d'un « ami très proche de la famille royale » : « Je crois que notre imagination se refusait à envisager pareille tragédie, la fin de cette terrible histoire est indescriptible. Pis : comment ne pas être encore plus atteint lorsqu'on songe que la seule personne qui aurait dû en être vraiment affectée, semble inchangée, hors d'atteinte ? A-t-elle pris conscience de notre malheur ? Pauvre homme ! Sa raison aveuglée ne peut voir les lendemains — et ils seront tragiques — qui l'attendent. Cette femme (bien que le sexe de l'auteur de cette lettre n'ait pas été précisé, il y a tout lieu de croire qu'il s'agit d'une femme) poursuit par ces mots : « N'accablez pas Cosmo Lang : il a fait son devoir. »

Le style de la missive n'est rien moins qu'ampoulé, mais à qui sait lire entre les lignes, se dégage la très nette impression que le duc sera puni, qu'il ne trouvera jamais le repos de l'âme. Le doigt de Dieu est sur lui ! Riposte normale ! Tous les pisse-vinaigre qui grenouillaient autour de la famille royale se vengeaient maintenant de l'insolent bonheur affiché par le duc pendant des années et ne pouvant assouvir eux-mêmes leur hargne, lui promettaient un châtiment exemplaire.

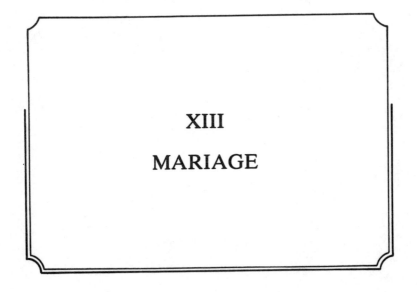

XIII

MARIAGE

« Les pluies et la désolation de l'hiver se sont enfuies,
La saison des neiges et des péchés n'est plus qu'un
rêve,
Les amants séparés sont enfin réunis,
La lumière du jour plus ardente, les ténèbres de la
nuit, moins épaisses ;
L'heure n'est plus à la tristesse
Adieu, gelées matinales, les arbres frémissent de
bourgeons
Dans la clairière où tout reverdit
Tout refleurit, voici le printemps. »

SWINBURNE.

Alors qu'il venait tout juste d'arriver en Autriche, le duc de Windsor prit connaissance des lettres que lui apportait Lord Brownlow... Sans doute, les lut-il dans le secret de sa chambre où Lord Brownlow nous dit qu'il pouvait y contempler près de seize photographies de Wallis ! Leur séparation, estimait Walter Monckton, était indispensable. Wallis devait achever sa période de « probation », obtenir son divorce, ce qui clouerait définitivement le bec aux mauvaises langues et aux méchants esprits qui espéraient encore empêcher ce mariage pour lequel le duc de Windsor avait sacrifié sa couronne. Lorsque le duc de Westminster l'invita en Normandie, Édouard refusa. La Normandie était trop proche de Cannes !

A l'occasion du Boxing Day, le *New York Times* publia une lettre signée « Un Londonien » :

« Qu'importe que les Américains nous méprisent ! En effet, nous ne brisons pas les fenêtres, nous ne lynchons pas les politiciens, nous refusons de détruire ce que nos ancêtres ont érigé avec tant de peine et de souffrances : mais, nous nous dressons contre la calomnie et le mensonge enveloppant de ténèbres l'univers tout entier..., nous n'avons pas approuvé cette félonie, nous n'avons pas applaudi à cette manœuvre honteuse, ourdie dans l'ombre, qui a forcé l'un des hommes les plus courageux, les plus sincères, les plus honnêtes de Grande-Bretagne de s'éloigner de la vie publique... »

Le chagrin des Anglais était si réel qu'ils croyaient maintenant à l'existence d'une puissance « occulte » dirigée contre le souverain déchu.

Le duc de Windsor supporta mal l'inactivité forcée · de ces premiers mois de 1937. Lui qui n'arrêtait pas, était maintenant « démobilisé ». Il ne lui restait que le ski quand le temps était favorable, une réception chez des amis, et la solitude..., Wallis, la femme qu'il aimait, était loin. Le seul lien qui le rattachait à elle, était le téléphone, mais les communications s'avéraient, le plus souvent, défectueuses.

Le major « Fruity » Metcalfe, son écuyer et son plus cher compagnon, s'empressa de gagner l'Autriche. Mais c'était là une piètre consolation pour le duc, qui gardait sa triste mine. Metcalfe n'arrêtait pas d'écrire à sa femme combien son sort était peu enviable, naturellement, il admirait le duc... surtout lorsqu'il se montrait en public. Convié à une cérémonie à la légation britannique de Vienne, le duc avait vaillamment supporté la musique, juré qu'il adorait ces airs, alors qu'il avait les nerfs à vif. Mais il n'aurait pas révélé ses sentiments pour tout l'or du monde ! Il se montrait, comme d'habitude, charmant, délicieux... ce qui n'empêchait pas les gens de ricaner sous cape à propos de sa prétendue ladrerie.

Était-il avare ? Peut-être, car comme la plupart de ceux qui n'ont pas de soucis financiers, il était parfois très léger pour tout ce qui concernait les questions d'argent. Mais les rois n'ont pas ce genre de problèmes ! Ils ne connaissent rien à l'argent ! Il ne lui est jamais venu à l'idée que les Metcalfe étaient pauvres et qu'il devait se conduire différemment avec eux. Pourtant, il fut toujours généreux avec Bruce Ogilvy, dont le second fils était sans le sou. « On a dit, écrit Bruce Ogilvy, qu'il était avare, je ne m'en suis jamais aperçu. Quand j'ai quitté son service, j'avais un tas de dettes, il m'a offert de les payer. Il m'a même fait cadeau d'un chèque — et pas des moindres ! — en guise de cadeau de mariage. » Bruce Ogilvy ajoute qu'il ne voulut pas que le prince s'acquittât de ses dettes. « S'il est devenu l'avare que l'on prétend, ce ne fut que plus tard, et parce qu'il était fortement influencé par Wallis. »

Ainsi donc, certaines personnes de l'entourage du duc n'aimaient pas Wallis. Pourquoi ? Parce que Wallis était « l'intruse », « l'em- pêcheuse de danser en rond », celle qui avait tout gâché. Qui s'étonnerait de cette réaction loyaliste ? Force est de constater qu'avec les années, l'avarice du duc ne fit que s'affirmer. Encouragé par la duchesse, il perdit rapidement sa réputation d'homme généreux, d'hôte qui ne comptait pas. Les Français savaient très bien qu'il était inutile d'avoir recours aux Windsor si un cas désespéré se présentait. Wallis veillait au grain. Mais Wallis n'était pas en Autriche lorsque Metcalfe ouvrit son cœur à sa femme, donc...

D'Autriche, le duc téléphonait très souvent à son frère, le roi, estimant que ses conseils lui seraient précieux, mais George VI était agacé par cette attitude protectrice : il se résolut à demander à Walter Monckton de prier le duc de cesser de l'appeler aussi fréquemment. Ceci explique son attitude en 1939. Surpris par la démarche de son successeur, le duc s'inclina sans réaliser l'emprise qu'il exerçait sur ses frères.

A Cannes, Wallis rongeait son frein et subissait un isolement qu'elle commençait à trouver trop long. Désormais, elle était libre de ses mouvements, les journalistes avaient levé le siège de la villa, mais chaque matin, au petit déjeuner, le courrier lui apportait un monceau de lettres d'injures, de menaces, toutes anonymes ! Les Canadiens, les Américains de souche britannique étaient les plus virulents, constatait-elle. Ernest Simpson lui avait bien écrit qu'il était avec elle, qu'il comprenait l'inconfort de sa position, elle comprenait enfin qu'on cherchait à la discréditer, à la détruire. « Élevez-vous au-dessus de la multitude, lui conseilla Herman Rogers, méprisez ces fauteurs de trouble. »

Facile à dire... Mais peu à peu, Wallis apprit le détachement, elle apprit aussi à agir comme un personnage public, à n'obéir qu'à sa conscience et à rejeter la « bave du crapaud ».

On se souvient de la boutade de Baldwin fustigeant le roi enfermé dans son enfer. Avant d'acquérir la sagesse prescrite par Herman Rogers, Wallis connut, elle aussi, ces affres. Il ne s'agit pas de se mettre à sa place — qui le pourrait ? — mais avec un rien d'imagination, il est aisé de deviner ses appréhensions, ses doutes, son trouble..., la femme la plus aimée, la plus jalousée de l'univers était maintenant une « vilaine femme », une « sorcière »... cette image résisterait-elle à « l'autre » que le duc gardait en son âme ? Dans ses nuits sans sommeil, elle s'interrogeait : continuerait-elle à être la Femme idéale, l'Inspiratrice, la déesse de cet homme hors du commun qui s'accrochait à elle et qui n'avait pas hésité, pour elle, à abandonner son trône ? Ses ministres, ses amis, ses frères, sa mère l'avaient pressé de rester en place, il n'en avait jamais tenu compte. Mais saurait-il repousser le raz-de-marée de boue montant vers eux du monde extérieur ?

Il n'avait plus dix-huit ans, mais quarante-deux. Cela faisait six ans qu'ils ne se quittaient pas. Six années d'amour, de dévotion. Elle l'aimait, oui, mais pas au point d'exiger de lui des sacrifices drastiques dont elle serait responsable..., elle n'était pas de taille ! Elle avait voulu divorcer de Ernest Simpson ? Certes ! Mais celui-ci s'était vite détourné d'elle, Mary Kirk Raffray serait une bonne épouse pour cet homme inconstant qu'elle délivrait. Mais quant à souhaiter devenir la femme du roi d'Angleterre ! Non, non, elle n'avait jamais formé ce projet, elle n'avait jamais supposé qu'on l'accuserait un jour d'avoir mené le roi à l'abdication ! Édouard était à ses pieds, seul un monstre d'orgueil, un être stupide et borné — ce qu'elle n'était pas — aurait abordé le futur sans éprouver de la crainte. Et la passion d'Édouard suffirait-elle à dompter la haine, les soupçons de tous ceux qui les jugeaient et les condamnaient ?

Mais le temps apaise les blessures les plus brûlantes. Et puis, Wallis savait se retourner comme un gant. Et puis, elle était très entourée : Herman et Katherine Rogers déployaient des trésors de tact et de générosité, ses autres amis l'appuyaient. Elle n'écoutait pas les hargneux, les roquets... Par exemple, cet Osbert Sitwell qui, dans son poème, *La Semaine du rat,* prétendait qu'aussitôt après son abdication, l'ex-roi avait été « floué » par tous ses amis, et par Wallis qui n'avait jamais cherché à le rencontrer ! Mensonges, racontars sans fondements pêchés dans les égouts... Parmi ces « rats » dépeints par Sitwell, figurait Colefax (« Colefax, dans sa cage de fer de boucles ») qui, se trouvant sur la Riviera, se rua chez Wallis. Il fallait réagir. On battit le rappel des amis voisins — Somerset Maugham, Daisy Fellowes — qui organisèrent, en l'honneur de Wallis, des dîners, des réceptions. La perfidie de Cosmo Lang n'avait pas impressionné le clan des irréductibles du roi : on avait beaucoup ri des foucades, des attaques des adversaires d'Édouard et de Wallis, on s'était aussi révolté (surtout Walter Monckton) en entendant les flots de bile déversés. Bref, Wallis avait de bonnes raisons pour être nerveuse, anxieuse et triste, aucune de douter de ses amis.

A dater de ce jour (cela continue encore) ceux qui la croisaient au milieu de son cercle de familiers ne se privèrent pas d'ergoter sur ses « manques », mais se gardèrent bien d'écouter ses proches au moment où ils vantaient ses qualités. Wallis n'était pas aveugle, elle savait qu'elle avait mauvaise presse : les journaux avaient toujours pris un malin plaisir à publier des articles désagréables, des photos indiscrètes des Windsor, prises à la sauvette, mais la plupart des gens qu'elle rencontrait presque quotidiennement étaient, comme l'avait remarqué le duc, de « maudits faux jetons ». « La gloire est le deuil éclatant du bonheur », a dit Mme de Staël. Un axiome applicable aux personnages de sang royal. Mais comment pourraient-ils distinguer les cœurs sincères des vils courtisans ?

Mais la grisaille recula, cédant le pas au printemps et Wallis se prépara pour son mariage. Le duc de Windsor et George VI estimaient qu'il serait inconvenant que la cérémonie eût lieu sur la Côte d'Azur : l'endroit était trop frivole et mondain. Pourtant, ils étaient d'accord pour que la France fût retenue. Les Français sont très respectueux des droits privés de l'individu ; en France, Wallis et Édouard seraient à l'abri des regards indiscrets et de l'insistance des journalistes. Pourquoi ne pas accepter la proposition de Charles Bedaux, ce Franco-Américain, qui mettait son château de Touraine à leur disposition ? Le château de Candé, une grande et confortable demeure récemment restaurée, offrait, derrière son parc, une retraite idéale. Wallis se rendit donc à Candé au début du mois dans la voiture des Rogers. Elle était enchantée. La horde des curieux ne pénétrerait pas l'enceinte du vieux château.

Wallis avait enfin retrouvé un semblant de vie privée. D'ailleurs, tout dans la disposition des lieux favorisait cette intimité.

Elle n'était pas seule. Des amis venaient de Paris pour lui tenir compagnie. Notamment Mme Rex Benson, une Américaine fixée à Londres. Leslie Benson se souvient avoir entendu Wallis dire : « Vous savez, je n'ai jamais voulu ce mariage (1). » Précieuse confidence qui contredit carrément la réputation d'aventurière « détournant un roi de ses devoirs » qui s'était attachée à ses pas. Pendant son isolement forcé, elle se jura de faire le bonheur du duc si elle le pouvait. Résolution à laquelle elle s'est tenue et qui a inspiré, comme nous le verrons, toute sa vie future.

Un an auparavant, alors qu'elle se trouvait encore sur le sol britannique, le roi lui avait offert un chien terrier baptisé Slipper. Dans sa fuite éperdue avec Lord Brownlow, elle avait été contrainte de laisser l'animal à Fort Belvedere, mais elle fut heureuse d'apprendre que le duc l'avait emmené à Enzesfeld. Slipper fut expédié en France pour distraire Wallis. Mais il ne profita pas longtemps de ces retrouvailles : un jour, en courant après un lapin, il fut mordu par une vipère et succomba. Wallis pleura sincèrement la perte de son chien, qu'elle n'oublia jamais.

Le 3 mai, George Allen prévint Wallis qu'elle était à nouveau libre. La période de probation était terminée, on lui avait accordé le divorce. Aussitôt, Wallis s'empressa de notifier par téléphone la bonne nouvelle au duc qui lui dit :

— Wallis, l'Orient-Express transite par Salzbourg, j'arriverai à Candé demain matin.

Il prit donc l'Orient-Express avec son écuyer Dudley Forwood. Il était tellement impatient de revoir Wallis qu'il monta quatre à quatre les escaliers du château en s'écriant :

— Chérie, chérie ! J'ai tant espéré ce moment ! Est-ce possible que vous soyez là, que je sois à vos côtés !

Ils se marieraient après le couronnement fixé au 12 mai, ainsi s'occuperait-on moins d'eux. Ils écoutèrent la retransmission radiophonique de la cérémonie dans le salon de Candé.

Wallis était superstitieuse : elle ne souhaitait pas se marier en mai. Pourquoi pas le 3 juin ? Elle avait commandé une robe en crêpe bleu chez Mainbocher, un chapeau assorti chez Reboux. Constance Spry, qui aurait été en enfer pour Wallis, traversa la Manche pour arranger les fleurs ; Cecil Beaton se chargea, lui, de photographier le couple, la veille de son mariage. « Le château, se souvient-il,

---

(1) Leslie Benson à l'auteur.

embaumait grâce aux lilas et aux pivoines blanches ». Un seul journaliste français avait été admis : Maurice Schumann, futur ministre et membre de l'Académie française. Il remarqua que le jour du mariage de Wallis, le ciel avait ce « bleu Wallis » inimitable. Et il ajoute combien il fut frappé par son élégance et sa suprême dignité (1).

Le major Metcalfe (témoin du duc), Lady Alexandra Metcalfe, Hugh Lloyd-Thomas, Lady Selby, Randolph Churchill, etc., se rassemblèrent autour du couple. Mais pas un des proches du duc !

Fidèle à elle-même, la reine Mary sanctionna l'événement par ces quelques lignes, extraites de son *Journal :* « Hélas, c'en est fait du mariage de David et de Mme Warfield en France. Nous lui avons envoyé un télégramme. » Bravant les foudres de ses supérieurs, un pasteur de l'Église d'Angleterre avait béni Édouard et Wallis, au grand bonheur du duc qui tenait beaucoup à un mariage religieux. Les journalistes revinrent en rangs serrés : ils envahirent Tours, mais cette fois, il n'y eut pas de « clash ». Herman Rogers, qui savait manier la presse, servit d'agent de liaison entre eux et le château. Mais son cœur n'était guère joyeux : il ne cessait de déplorer l'absence de l'un des frères du duc, le duc de Kent. Édouard montrait à tous un visage serein, illuminé par la joie. Il fallut pourtant déchanter : Walter Monckton était là, porteur d'une lettre du roi. Et quelle lettre ! Les Premiers ministres des Dominions, et de Grande-Bretagne, l'avaient avisé que le duc de Windsor avait, en renonçant au trône, abandonné ses titres royaux, y compris celui d'Altesse Royale. Le roi rétablissait pour lui le vocable d'Altesse Royale, mais sans que son épouse ne fût autorisée à le porter ! Que le duc de Windsor ne considérât pas cette mesure, demandait le roi en guise de conclusion, comme une insulte. Inutile de préciser que le duc en fut mortellement humilié.

— Je connais Bertie, s'écria-t-il avec rage, il n'aurait jamais écrit cette lettre de son propre chef ! On a guidé sa main... Mais, mon Dieu, pourquoi s'acharnent-ils sur moi !

Et il confia à Walter Monckton :

— Joli présent de mariage ! Je les félicite !

La duchesse de Windsor, elle, réagit différemment : elle se

---

(1) Maurice Schumann à l'auteur.

moquait — c'était bien dans son tempérament — de ces broutilles qui semblaient tant affecter le duc. Les réactions d'Édouard n'étaient pas dictées par le snobisme, la folie des grandeurs, mais il avait assez lutté..., contre l'idée d'un mariage morganatique qui eût rejeté Wallis dans l'ombre, contre les ministres anglais et des Dominions... pour ne pas prétendre, maintenant qu'il avait abdiqué, maintenant qu'il était marié, à une trêve des hostilités. On repartait de zéro, son mariage n'était rien moins qu'une union morganatique.

Mais les hommes qui dans le secret de leurs ministères avaient inspiré le roi étaient rusés, finauds. Ils étaient bien placés pour apprécier la popularité du duc. Le duc était une figure de légende, et les légendes ne disparaissent pas sous un coup de baguette magique. Ils redoutaient le retour du duc en Grande-Bretagne. Mais tant que sa femme ne recevrait pas les marques de respect qu'il exigeait pour elle, il n'y avait pas de danger. Le duc demeurerait à l'étranger. Pour parvenir à leurs fins, ils ne s'étaient pas embarrassés de scrupules. Les hommes de loi les plus retors les avaient aidés à contourner la loi, à agir illégalement en toute impunité. Sir William Jowitt, qui deviendra plus tard Lord Chancelier, révéla les méandres de l'affaire au duc. Le directeur du *Burke's Peerage* alla jusqu'à qualifier la manœuvre de termes qui ne laissent subsister aucune équivoque : « La discrimination la plus flagrante de toute l'histoire de notre dynastie. » Walter Monckton s'indigna. Le duc de Windsor était fils de souverain, rien ni personne ne pouvait le priver de son titre ducal, de celui d'Altesse Royale qui rejaillissait automatiquement sur son épouse (1). Ainsi le voulait la législation de Grande-Bretagne. Si le duc demandait raison à la justice de son pays, il remporterait la victoire haut la main. Mais la loyauté du duc lui interdisait d'avoir recours à pareil procédé.

Wallis avait voulu que le jour de son mariage fût une occasion unique, à marquer d'une pierre blanche. Le résultat dépassait ses espérances. Tout ici n'était que calme et beauté. Le château regorgeait de fleurs, la nourriture servie était exquise. Wallis avait veillé au moindre détail. Elle ne put cependant empêcher les invités de chuchoter que la toujours fidèle tante Bessie était l'unique représentante de sa famille.

(1) Walter Monckton à l'auteur.

A l'issue du petit déjeuner, le duc et la duchesse reçurent chacun à leur tour leurs convives et pour la première fois se présenta l'épineux problème de savoir s'il fallait s'incliner et faire la révérence devant la duchesse. Avec le duc, cette question ne se posait pas, mais elle... Force est de constater que la duchesse fut tout au long de son existence, et certainement par déférence pour le duc, traitée avec le respect qu'il attendait qu'on lui témoignât. Les anxieux, ceux qui n'avaient pas confiance en eux, ceux qui affichaient une morgue ridicule, se dispensèrent souvent d'obéir à l'étiquette, mais ils étaient rares...

Profitant d'un moment de tranquillité, Walter Monckton s'entretint en privé avec la duchesse.

— Les Anglais — et ils sont nombreux — ne vous aiment pas, lui dit-il, ils vous accusent d'avoir poussé le roi à abdiquer, ils ne supportent pas l'idée qu'il vous ait épousée. Patientez, ils changeront d'attitude, surtout si vous le rendez heureux. Mais si jamais vous échouiez, qu'en serait-il de vous ?

La duchesse regarda fixement Monckton.

— Mais Walter, je ne pense qu'à cela. Je suis sûre de le rendre heureux.

Elle n'avait pas choisi son sort, elle n'avait jamais appelé de ses vœux cette terrible épreuve. Aujourd'hui, elle était résolue à faire face.

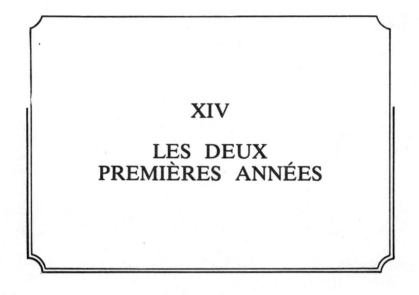

XIV

LES DEUX
PREMIÈRES ANNÉES

« Par essence, l'homme est un animal politique. »
ARISTOTE.

Après avoir passé leur lune de miel en Autriche, à Wasserleon-
burg, dans un antique château appartenant au comte Paul Munster
dont la femme, Peggy, était la cousine de Lord Dudley, un vieil ami
du duc, les Windsor rallièrent Paris.

Cette première année d'exil fut la plus pénible que connut le
couple. Ils auraient pu rentrer en Angleterre, le roi, à l'époque où il
n'était encore que duc d'York, n'avait-il pas dit à Walter Monckton
que son frère serait autorisé, au bout d'un certain temps, à retrouver
Fort Belvedere et son cher jardin ? Mais ce n'était qu'une promesse : les mois filaient et aucun signe du roi. Le roi n'était pas libre
de ses mouvements, ni de ses élans affectueux. De son côté, le duc
n'arrivait pas à se persuader que son état de « royal errant » se
prolongerait. L'incident du château de Candé, la révélation de
l'illégalité de l'affront perpétré sur la personne de sa femme
l'encourageaient à imaginer que nul n'oserait contester le titre de
Wallis. Ils s'installeraient à Fort Belvedere, on lui assignerait, au
sein de la famille royale, quelque tâche. Conforté par cette
perspective optimiste, il ne voulut pas se fixer, acheter une maison,
il se contenta de louer un logis où il ne ferait que passer, ou il ne se
livrerait même pas à sa passion, le jardinage, puisqu'il allait s'en

aller... Il était comme une âme en peine. Sir Dudley Forwood, l'un des témoins de cette époque particulièrement difficile, brumeuse, écrit : « Grâce au Ciel, elle était là, bonne, compréhensive, même lorsque Son Altesse Royale se montrait irascible, aigri, s'efforçant de lui remonter le moral, de contrecarrer son obstination (1). » Et Dudley Forwood d'ajouter : « On a été très injuste avec cette femme. »

Le nouveau Premier ministre, Neville Chamberlain, demanda à rencontrer le duc à l'hôtel Meurice. Au cours de leur entretien, qui se prolongea, Neville Chamberlain jura qu'il presserait le Palais sur la date de retour des Windsor en Grande-Bretagne. Naturellement, cette démarche ne donna aucun résultat, et le duc revint à la charge. Le Palais et Downing Street se moquaient de lui, se servaient de lui pour renvoyer la balle dans un camp, puis dans l'autre. Aucune des deux parties n'aurait eu l'audace d'avouer le motif véritable de ces atermoiements : la duchesse ne serait jamais Altesse Royale, on ne voulait pas du duc, cette « légende vivante » en Grande-Bretagne, on redoutait trop les conséquences de retrouvailles qui auraient impressionné le peuple. Le duc, qui en pareilles circonstances eût agi avec sa franchise et sa rectitude proverbiales, piaffait d'impatience et de colère.

Sa grande modestie lui interdisait également de soupçonner la réalité de ce jeu de dupes. Lui, une « légende vivante » ? Allons donc ! il n'était qu'un maillon de la chaîne de l'immense entreprise royale, un tâcheron consciencieux ! Wallis, elle, était parfaite, oui ! Et il le prouverait à tous ceux qui avaient prétendu le contraire. Oui, elle était parfaite, il n'en doutait pas.

Walter Monckton était maintenant au service de George VI, comme il l'avait été à celui d'Édouard VIII. Il n'avait pas rompu ses liens amicaux avec le duc de Windsor, au contraire, il mesurait toute l'affection que ce dernier lui témoignait, mais il comprenait le roi, il l'aimait et admettait ses hésitations..., aujourd'hui, les rôles étaient renversés. C'était lui qui dictait sa volonté à ce frère qui l'avait si longtemps marqué d'une forte empreinte. Ses visites au duc de Windsor lui faisaient toucher de plus près sa douleur morale, mais comment pouvait-il se figurer que son frère fermement établi sur le trône lui ouvrirait les portes de son royaume ?

---

(1) Lettre à l'auteur.

La suite de l'histoire, on le sait, le déçut, mais le duc se cramponnait désespérément à la possibilité d'œuvrer pour son pays. Il s'attaquerait au problème du logement, crucial en Grande-Bretagne. Dans les années trente, les Anglais étaient mal logés, les loyers étaient chers, aucun plan d'urbanisation moderne n'était dressé pour pallier ces maux dont Édouard avait saisi toute l'acuité. « Je crois que les gens seraient moins mécontents s'ils étaient mieux logés », lui écrivit, en 1930, la reine Mary. Les rois et les reines se méfient du mécontentement populaire ; le duc de Windsor désirait affronter ce dilemme en termes humains. C'étaient des hommes, des femmes qu'il avait devant lui, les citoyens d'une nation jadis considérée comme la plus riche du monde, régnant sur l'univers, et réduite maintenant par la faute de politiciens maladroits et bornés, au chômage, à la misère.

En 1937, l'Allemagne nazie invita le duc de Windsor à venir étudier les habitations à loyer modéré construites par le nouveau régime. Il accepta. Il ne s'engageait pas, ce déplacement n'était pas un acte politique, il remplissait son devoir de citoyen ému par les injustices. Mais les milieux politiques en jugèrent différemment. Les politiciens étaient fermement décidés à le laisser s'enfoncer. Rien ne le sauverait. Ni le dynamisme de Lloyd George, ni son aura de « légende vivante ». Et surtout pas cela ! Ces « messieurs » avaient bonne mémoire : ils remâchaient sans cesse les mots de Lloyd George justifiant l'abdication du duc par le silence des ministres refusant d'écouter l'appel au secours du roi, bouleversé par le spectacle de la dégradation sociale de son royaume.

Au cours de son règne, le roi avait accueilli son cousin, le duc de Saxe-Cobourg et Gotha, nazi convaincu, qui avait été chargé par Hitler de lui remettre un message personnel. Cela faisait-il du duc un adepte du national-socialisme ? Non, mais n'oublions pas qu'il était allemand jusqu'à la moelle. Ce n'est pas nous qui le disons, mais lui, avec, et admettons-le, quelque exagération : « Chaque goutte de mon sang est allemande (1). » D'accord, mais son sens de la monarchie, sa foi dans le brassage des ethnies de l'empire, auquel il s'était consacré depuis sa prime jeunesse le lavent de toute ambiguïté. Le duc de Windsor n'était pas nazi.

Les Windsor se rendirent pourtant en Allemagne où, chaperon-

---

(1) Conversation avec l'auteur.

nés par le docteur Ley, le ministre du Logement, ils visitèrent diverses installations récentes. Dans ses *Mémoires,* la duchesse confesse son antipathie pour le docteur Ley, personnage sans finesse, ni nuances superflues, mais qui occupait dans la hiérarchie fasciste allemande un rang important puisqu'il était le chef des organisations du Reich. Le Front du travail allemand comptait quelque trente millions de membres qui versaient quelque 95 % de souscriptions, signe évident de la confiance aveugle des travailleurs allemands dans les qualités de Ley, l'impact de Ley et de son syndicat. Brassant donc d'énormes capitaux, le Front du travail avait mis à la disposition de ses adhérents des appartements, des maisons de repos, organisait pour eux des croisières...

La seconde étape des Windsor fut Karinhall où ils déjeunèrent avec le général Goering. L'ex-secrétaire d'État de l'Air, Lord Londonnery avait, à l'occasion du couronnement de George VI, invité le général Goering à Londres. Mais ce dernier s'était récusé, alléguant que les relations anglo-allemandes s'étaient sensiblement refroidies depuis un an, lorsque Lord Londonnery avait participé à une partie de chasse à Karinhall.

De Karinhall, les Windsor montèrent vers la retraite de Hitler, au Berghof. Pendant que le duc et le Führer discutaient, la duchesse s'entretenait avec l'entourage du maître de l'Allemagne, dans le fameux salon dominant les sommets. Le duc, on s'en souvient, parlait couramment allemand, mais Hitler eut recours à son interprète Paul Schmidt, ce qui irrita le duc qui estimait que ses propos n'étaient pas traduits exactement. Il interrompit à plusieurs reprises l'entretien de violentes interjections en allemand et obligea l'interprète à recommencer. Que se dirent les deux hommes ? Mystère. La transcription a disparu lors de l'arrivée des troupes alliées dans « le nid d'aigles ».

Comment Hitler et le duc se comportèrent-ils ? Qu'attendaient-ils l'un de l'autre (1) ? Les terrains d'entente ne manquaient pas..., leur commune admiration pour l'empire britannique, la haine du

---

(1) L'auteur, qui a rencontré Hitler à plusieurs reprises, ne se souvient pas avoir entendu le Chancelier mentionner le nom du duc ou de la duchesse de Windsor. Hitler a souvent répété que la Grande-Bretagne avait beaucoup de chance d'avoir une si « charmante princesse ». Il pensait naturellement à la princesse Elisabeth, alors âgée de dix ans, entrevue dans des bandes d'actualité cinématographique, il disait d'elle : « C'est une merveilleuse enfant. »

communisme... Hitler ne résista certainement pas au fameux charme du duc, mais il était trop réaliste pour ne pas voir que l'homme qui se tenait devant lui, ne représentait rien, politiquement parlant. Il éprouvait de la sympathie pour l'Allemagne ? La belle affaire ! Il avait perdu son trône, il n'avait plus de responsabilités, il n'influait plus sur l'échiquier international... Hitler traita donc le duc de Windsor avec la même attention qu'il accordait aux visiteurs de marque. N'avait-il pas accueilli, l'année précédente, Lloyd George qui, de retour en Grande-Bretagne, avait inondé la presse britannique d'articles enthousiastes sur ce qu'on lui avait montré en Allemagne ? Mais Lloyd George était un pion insignifiant, lui aussi avait perdu son pouvoir.

En 1937, la Grande-Bretagne croyait toujours à la paix, elle n'avait pas encore connu l'humiliation trompeuse de Munich. Pourtant le Foreign Office réagit très mal à la visite du duc de Windsor en Allemagne : l'ambassadeur garda un prudent silence, laissant son chargé d'affaires exprimer tout l'étonnement de son pays. Mesure extrêmement prudente. On chargeait un subalterne de tancer le duc, dans les « hautes sphères » on prétendait ignorer les faits et gestes de Son Altesse Royale.

L'initiative des Windsor fut largement critiquée. Dans l'organe socialiste *Forward,* Herbert Morrison se demanda pourquoi le duc, s'il était passionné par le problème du logement, ne lisait pas, n'étudiait pas les livres consacrés à cette question. Herbert Morrison oubliait que c'était en s'intéressant à ce genre de lecture que le duc en était venu à aborder sérieusement le problème.

Charles Bedaux, l'hôte mystérieux du château de Candé, avait, sans qu'il eût à lever le petit doigt — les Allemands étaient trop fiers d'exhiber leurs réussites ! — suggéré l'éventualité de cette « tournée » allemande, il orienta alors le couple vers les États-Unis et leur prépara, cette fois, toute une inspection minutieuse d'habitations à loyer modéré et d'implantations industrielles. La duchesse ne tenait plus en place : elle allait retrouver sa patrie ! Roosevelt les conviait à la Maison Blanche, l'ambassadeur de Grande-Bretagne projetait un grand dîner en leur honneur.

Mais les Windsor ignoraient un léger détail : Charles Bedaux était la bête noire des syndicats américains qui lui reprochaient de devoir sa fortune aux rythmes infernaux, aux cadences inhumaines imposés dans ses usines. Un patronage de cette espèce risquait de provoquer de fâcheux incidents. Il fallut donc décommander le périple, en dépit de l'immense déception de la duchesse. Sage précaution, car la diplomatie britannique n'aurait, elle non plus, guère apprécié « l'escapade » américaine. Ainsi, l'ambassadeur de Grande-Bretagne, Sir Ronald Lindsay, confiait-il au sous-secrétaire d'État Summer Welles : « La classe politique britannique, de quelque tendance qu'elle soit, est farouchement opposée au duc de Windsor. Pourquoi ? Eh bien, parce qu'elle n'a jamais accepté sa démission devant certaines responsabilités, mais surtout parce qu'elle estime que son attitude actuelle face à son frère, le roi, est indigne d'un gentleman. L'ambassadeur a noté que dans l'entourage de la cour et du Foreign Office, ce sentiment d'exaspération s'est transformé en hystérie pure et simple. »

Que faire contre cela ? Rien. On ne discute pas avec des gens qui ont perdu le contrôle d'eux-mêmes. Contentons-nous d'observer le changement advenu entre le duc de Windsor et le roi George VI, ces deux frères qui s'adoraient et se traitaient maintenant comme des pestiférés. Qui avait raison ? Peut-être les deux. Le roi avait été catapulté aux plus hautes fonctions sans le désirer vraiment, il aurait voulu que le duc de Windsor lui permît d'agir seul, à sa guise. Quant au duc... vingt ans auparavant, il avait écrit à Lord Stamfordham qu'il ne connaissait qu'une chose : le métier de prince royal. Toute son éducation avait été dirigée dans ce sens, ce but unique. Et il avait prouvé qu'il pouvait être à la mesure de cette ambition. Mais aujourd'hui... Curieusement, ceux qui avaient âprement critiqué l'ex-prince de Galles devenu Édouard VIII, l'aile la plus conservatrice du pays, l'accablaient maintenant, lui demandaient réparation pour avoir abandonné le gouvernail. Ne pouvaient-ils, eux qui avaient un roi et une reine exemplaires, se taire ? L'ambassadeur aurait dû ajouter à sa liste de pharisiens, les membres du clergé britannique. Eux aussi avaient contribué à la perte de l'ex-souverain.

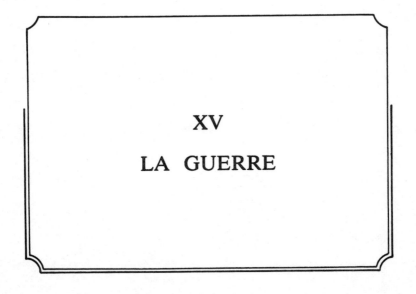

XV

LA GUERRE

« Que la lumière soit, dit Dieu. Et la lumière fut.
Que le sang soit, dit l'Homme. Et la mer jaillit. »

A l'été 1938, les Windsor emménagèrent dans le château de La Croë, une grande bâtisse blanche aux volets verts, proche de la mer baignant les rivages du cap d'Antibes. La maison leur plaisait, elle serait celle de leur bonheur. Le château était à demi meublé, le duc et la duchesse se firent envoyer ce qui leur manquait de Grande-Bretagne, le duc retrouva ses objets familiers entassés à Fort Belvedere. La duchesse mit dans sa chambre le fauteuil à bascule de sa grand-mère expédié de Baltimore. Ils étaient enfin chez eux. Les domestiques qui les avaient servis à l'hôtel Meurice n'y suffisant plus, ils en engagèrent d'autres en Grande-Bretagne. La duchesse était superstitieuse, elle épiait les signes. Ainsi, une jolie jeune femme entra-t-elle à son service parce qu'elle avait de ravissants cheveux blonds. La duchesse ne tolérait que des blondes (ou des blonds) autour d'elle. Cette couleur lui portait chance, prétendait-elle. Personne ne se plaignait d'elle : elle était une bonne « patronne », généreuse, juste, mais perfectionniste. Elle ne lâchait pas un petit carnet où elle notait scrupuleusement tout ce qui lui semblait aller de travers. C'était son livre de raison. Sa mère avait été très recherchée pour l'excellence de sa table, elle avait repris le flambeau, avec quelques nuances en plus. Depuis qu'elle habitait la France, elle avait appris à apprécier l'importance des vins. Elle ne cessait de répéter qu'elle souhaitait que le duc vécût comme un roi. Et ainsi en fut-il. Mais cela interdisait les excès : le duc et la duchesse n'étaient pas de gros mangeurs, ils picoraient et lorsqu'ils étaient en tête-à-tête, ils se contentaient — ils surveillaient leur ligne ! — d'une viande grillée, d'une salade et de fruits.

La duchesse aimait les bijoux qu'elle choisissait avec un goût extrême. Le duc aimait lui en offrir et ses cadeaux étaient toujours élégants, de bon goût.

« Son Altesse Royale s'y connaît mieux en diamants que moi ! » s'exclama un jour le célèbre bijoutier Jacques Cartier. Un coiffeur venait quotidiennement arranger les cheveux de la duchesse. Elle restait fidèle à son idéal auquel elle ne dérogea jamais : ne pas se laisser aller (à quatre-vingts ans, elle pouvait s'enorgueillir d'une extraordinaire complexion, d'un visage vierge de toute ride, de toute griffure autour de ses yeux d'un beau bleu profond..., ce qui est rare chez quelqu'un d'aussi maigre). Elle ne faisait aucun exercice physique, son humeur était parfois sombre, certainement altérée par des ulcères au duodénum, elle dormait mal, mais ne se plaignait pas de ses malheurs. Le duc, lui, dormait comme une bûche, se dépensait sur tous les terrains de golf de la planète et veillait de près sur sa forme.

L'installation au château de la Croë fut bénéfique à la duchesse : elle y retrouva sa gaieté d'antan, sa philosophie fataliste. Elle qui avait dévoré les journaux et les magazines se tournait maintenant vers les biographies et les ouvrages historiques qui remplissaient ses nuits sans sommeil.

Les Windsor se lancèrent à nouveau dans cette vie mondaine qu'ils prisaient tant : lorsqu'ils ne recevaient pas à dîner chez eux, ils passaient chez leurs nombreux amis disséminés le long de la côte. Le prince Jean-Louis de Faucigny-Lucinge se souvient avoir parcouru le programme de la journée du duc traînant sur une table du hall du château de la Croë... Le duc tenait, même en été, à savoir qui étaient ses invités, s'ils restaient à dîner, à quelle heure aurait lieu sa partie de golf, et avec qui. Bien sûr, tout ceci peut paraître démodé et inutile, mais le duc n'aurait pas renoncé à ces vieilles habitudes de jeunesse pour un empire et la duchesse s'inclinait. Elle était par nature ponctuelle, la stricte obéissance au programme obligea le duc à le devenir. En fait, le duc et la duchesse menaient — plus par nécessité que par choix — l'existence commune à tous les gens riches. Le duc n'avait plus désormais d'autre alternative.

A l'automne, les Windsor prirent leurs quartiers d'hiver dans une maison du boulevard Suchet, à Paris. Comme au Cap d'Antibes, le luxe l'emportait sur la beauté. Mais cette spacieuse demeure possédait de nombreux salons où ils pourraient accueillir leurs familiers, le Bois de Boulogne était à quelques pas, ils y promèneraient leurs chiens, Saint-Cloud et son golf étaient proches. La duchesse de Windsor recommença à faire appel à son imagination pour meubler et décorer le boulevard Suchet.

La comtesse René de Chambrun (1) inaugura les dernières pénates des Windsor. La fille de Pierre Laval n'était pas une inconnue des Windsor : le duc avait rencontré son père à l'ambassade britannique lorsque Pierre Laval estimait que la France et la Grande-Bretagne devaient resserrer leurs liens avec l'Italie et se détourner de l'Allemagne.

Josée de Chambrun et son mari furent très impressionnés par les valets de pied en livrée pourpre se tenant au garde-à-vous sur les escaliers : le spectacle dégageait une suprême élégance. La table du dîner était illuminée par d'innombrables chandeliers, des pétales de lilas avaient été disposés dans les gobelets d'or. « Elle donnait toujours à ses maisons un air de fête », dira de la duchesse, Josée de Chambrun. Jugement appréciable de la part d'une femme aussi élégante et raffinée qu'elle : à ses yeux, la duchesse avait réussi à atteindre la perfection française... puisque les Français prétendent que l'on reconnaît une femme du monde à deux facteurs essentiels : ses vêtements et les mets choisis de sa table.

La duchesse de ces années précédant la guerre était, toujours selon Mme de Chambrun, « très Mainbocher ». On se rappelle que Mainbocher avait exécuté sa robe de mariage et son trousseau. Lady Jane Abdy corrobore cette notation (2) : « J'assistais, en 1979, à un défilé de robes anciennes, allant de 1900 à 1945. Il y avait là des modèles de Doucet, de Redfern, mais je remarquai immédiatement parmi toutes ces merveilles, un modèle réalisé en 1935 par Mainbocher pour la duchesse de Windsor. En le regardant attentivement, je compris ce que signifiait le chic légendaire de la duchesse... c'était

(1) Propos rapportés lors d'une conversation avec l'auteur.
(2) Lettre à l'auteur.

extraordinaire ! Mais il fallait être une asperge pour entrer là-dedans. » Les créations de Mainbocher étaient d'une simplicité classique, parfaitement coupées et plus spécialement destinées à des femmes petites et filiformes comme la duchesse.

Charles et Ann Lindbergh passèrent aussi par le boulevard Suchet. La duchesse et Ann Lindbergh se lamentèrent sur la célébrité de leur époux respectif qui ne leur laissait pas un instant de répit. Mais Charles Lindbergh aborda, lui, un sujet plus grave avec le duc : un conflit armé contre l'Allemagne déclencherait une tragédie aux incidences insoupçonnables.

L'horizon international s'assombrissait de plus en plus. Le duc, fervent pacifiste, ne pouvait en aucun cas hurler avec les loups qui clamaient leurs sentiments belliqueux. Il savait que la guerre marquerait la fin de l'empire britannique et bouleverserait la planète. Il appartenait de toutes les fibres de son être à l'Angleterre, mais comment effacer de sa mémoire les horreurs de la guerre 14-18 ? Toute une génération sacrifiée ? On allait donc subir à nouveau ces drames épouvantables ? N'était-il pas encore possible de négocier, d'assurer la paix ? Mais de l'autre côté de la Manche, la plupart de ses amis — Winston Churchill, Anthony Eden, Duff Cooper... — ne croyaient plus aux mirages de Munich.

Vint l'été 1939. Et la guerre. Les Windsor apprirent la nouvelle au château de la Croë. A la fin du mois d'août, le duc envoya un télégramme à Hitler. En tant que « citoyen du monde », il suppliait le Chancelier de ne pas plonger le monde dans la guerre. Hitler répondit qu'il ne nourrissait aucun sentiment belliqueux vis-à-vis de la Grande-Bretagne : si les deux pays devaient s'affronter, ce ne serait pas de sa faute. Le 3 septembre, alors que le duc s'apprêtait à prendre son bain, l'ambassadeur de Grande-Bretagne à Paris l'appela pour l'informer des récents événements.

— C'est la guerre, dit-il à la duchesse, je crains que cela ne soit la porte ouverte à la mainmise du communisme sur l'univers.

Il appela immédiatement Walter Monckton à Londres.

— Je me mets à la disposition de mon frère, je dois hâter mon retour en Grande-Bretagne.

A partir de ce jour, la censure insista pour que les communications téléphoniques des Windsor se fassent en français, ce qui posait des problèmes, car le couple se débrouillait mal dans cette langue.

Trois jours plus tard, Monckton était au château de la Croë où l'avait déposé un petit avion particulier. Neville Chamberlain proposait au duc deux « situations » : envoyé spécial du gouvernement au pays de Galles ou officier de liaison de la mission militaire britannique détachée à l'état-major du général Gamelin. Le duc préférait naturellement servir en Grande-Bretagne, mais s'il rentrait au pays, la duchesse serait-elle reconnue dans ses droits ? Il avait de bonnes raisons pour douter de la sincérité et du « fair-play » de ces « messieurs », mais la guerre ne balaierait-elle pas tous ces détails insignifiants ? La perspective de la terrible catastrophe ferait paraître bien légères ces questions de protocole...

Les Windsor fermèrent le château dans une atmosphère d'intense agitation et se précipitèrent en voiture vers Cherbourg, après un arrêt à Paris où le duc s'en alla consulter l'ambassadeur de Grande-Bretagne. Ils avaient mis le château de la Croë à la disposition de la Croix-Rouge, avaient donné congé à leurs domestiques, dont certains de nationalité britannique regagnèrent la Grande-Bretagne pour s'engager sous les drapeaux. A Cherbourg, un destroyer placé sous le commandement de Lord Louis Mountbatten les attendait. Ils devaient cette faveur à Winston Churchill qui venait d'être nommé premier Lord de l'amirauté. Mieux, son fils Randolph en uniforme du 4e hussards, était là, à leurs ordres. Le duc remarqua que les éperons de Randolph Churchill n'étaient pas convenablement accrochés. A Portsmouth, le duc passa en revue une garde d'honneur et le commandant en chef de la base, l'amiral Sir William James, leur demanda de dormir à Portsmouth. Le lendemain, les Windsor ignoraient toujours quel serait leur nouveau domicile, ils suivirent Walter Monckton dans le Sussex.

Au cours d'un déjeuner avec les Windsor auquel participaient également Lady Colefax et l'écrivain H. G. Wells, Harold Nicolson fut frappé par la jeunesse du duc qui arborait alors un uniforme militaire. Sans doute était-ce parce qu'il était heureux de se retrouver dans son pays.

Au moment de se séparer, Harold Nicolson dit à H. G. Wells :
— Cet homme a un charme fou, n'est-ce pas ?
— Non, le reprit H. G. Wells, il est fascinant.

Le duc vit le roi et discuta avec lui des différentes opportunités qui se présentaient à lui, le roi inclinant pour sa part à ce qu'il acceptât sa mission d'envoyé spécial au pays de Galles. A quelques jours de là, le CIGS publiait un contrordre : le duc était transféré à Vincennes auprès du général Gamelin. Il devait rejoindre l'état-major français dans les plus brefs délais. Avait-on essayé de l'éloigner de Grande-Bretagne, de la cour et du peuple ? Dans ses *Mémoires,* la duchesse de Windsor n'écarte pas cette éventualité : « La question d'un poste à la défense de la Grande-Bretagne fut à tout jamais renvoyée aux calendes grecques. David et moi soupçonnâmes — peut-être à tort — que certains vieux courtisans avaient contribué à influencer le CIGS. S'il était resté en Grande-Bretagne, le duc de Windsor pouvait être dangereux, sa popularité était toujours intacte... A l'étranger... » En septembre, et par gros temps, les Windsor rebroussèrent chemin à bord d'un destroyer qui emmenait également l'aide de camp du duc, le major Metcalfe. Ces « messieurs » de Londres respirèrent enfin.

Les nouvelles fonctions du duc auprès du major-général Sir Richard Howard-Vyse étaient trop contraignantes pour que les Windsor songeassent à rouvrir le boulevard Suchet. Ils louèrent donc un appartement à l'hôtel Trianon de Versailles. La duchesse rejoignit les dames des « Colis du Trianon », association créée par Lady Mendl (elle habitait près du Petit Trianon) qui se chargeait d'envoyer de la nourriture, des cigarettes aux soldats du front.

D'origine américaine, Lady Mendl (elle avait épousé Sir Charles Mendl, l'attaché de presse de l'ambassade britannique) était réputée pour ses talents de décoratrice et ses réceptions fort courues avant-guerre. Elle n'était plus de première jeunesse, mais chaque matin, elle se mettait sur la tête, exercice qui, prétendait-elle, la gardait en forme. Elle avait aussi des goûts de luxe. Mme Rex Benson (1) assure qu'elle apprit à la duchesse les us et coutumes des riches..., les gens riches ne couchent jamais dans les draps fournis par l'hôtel, mais dans leur propre literie. Elle « cornaquait » même les Américains à Paris, leur expliquant comment dépenser leur argent Elle se consacrait maintenant totalement à son œuvre charitable... mais la duchesse n'avait nul besoin des conseils de cette étrange personne !

Le prince Jean-Louis de Lucinge dînait, un soir, chez les Mendl, en compagnie de la duchesse (le duc était au front) qui, raconte-t-il, se lança après le repas dans une partie de backgammon avec Noël Coward. Soudain, un maître d'hôtel s'approche.

---

(1) Confidence faite à l'auteur.

— Votre Grâce, Son Altesse Royale vous demande au téléphone.

Pas de réaction. Le maître d'hôtel répète sa phrase, mais cette fois, en hurlant.

— Je vous prie de bien vouloir m'excuser, Votre Grâce, mais Son Altesse Royale vous demande au téléphone !

Alors, la duchesse se dresse et avant de quitter la pièce, laisse tomber ces mots.

— Cet homme n'entend jamais ce qui se passe !

La duchesse regagna Paris et rouvrit certaines pièces du boulevard Suchet où venait le duc lorsqu'il parvenait à se libérer. Un soir, Mme Rex Benson le surprit en train de tricoter un cache-nez destiné au « Colis du Trianon » ! La duchesse s'était engagée dans la Croix-Rouge et se rendait très souvent dans les hôpitaux de la ligne Maginot où elle distribuait bandages et plasma. Mais les lits étaient vides faute de blessés. Cela n'empêchait pas les gens de croire qu'on assisterait à une répétition de 14-18.

Le major Metcalfe séjournait au Plaza. Le charme luxueux des lieux n'avait pas apaisé ses rancœurs. Ah, comme le duc avait changé ! Lui si joyeux autrefois ! Mais les lettres qu'il adressait — c'était une manie — à sa femme ne portaient pas à conséquence. Quel employé n'a pas gémi sur son sort et l'incompréhension de son patron ! Reste à savoir si le major Metcalfe a songé à les publier du vivant de la duchesse. Le major Gray Phillips, un homme délicieux, qui avait été promu administrateur de la maison royale, arriva boulevard Suchet où il fit merveille. Ce fut le début d'une longue et fructueuse collaboration.

En revenant d'une de ses inspections du front, le duc envoya un rapport au major-général Howard-Vyse, qui écrivit au ministère de la Guerre : « Nous avons tout lieu d'être satisfait du travail du duc de Windsor. » Le duc était inquiet : la France semblait incapable de résister à une avance allemande. Comment s'opposerait-elle aux chars de la Wehrmacht ? Face à ces futurs périls, Metcalfe répliqua en geignant qu'on ne lui avait pas montré la dépêche...

Les prévisions pessimistes du duc s'avèrent exactes : le 10 mai, les Allemands débordaient le front de l'Ouest, ne faisant qu'une bouchée de la ligne Maginot et des positions françaises réputées imprenables. Le 16, le duc allait chercher la duchesse à Biarritz pour retourner à Paris et à la mission militaire. Quinze jours plus tard, les troupes allemandes étaient à quelques kilomètres de la capitale, toute une population désemparée se jetait sur les routes de l'exode, le duc décida donc de revenir au château de la Croë. Metcalfe, quant à lui, se hâta de rentrer en Grande-Bretagne.

Le major Gray Phillips se présenta au château de la Croë et raconta son « voyage » : quatre jours de stop, les routes envahies par des hordes· de pauvres gens sans abri..., l'état de son uniforme couvert de poussière, déchiré, disait toute l'horreur de la situation. La France était au bord du chaos : les voitures désormais inutilisables par manque d'essence gisaient sur le bas-côté des routes menant au Sud et à l'Ouest du pays, des familles entières s'entassaient avec ce qu'elles avaient pu emporter dans des charrettes tirées par les plus valides. Épouvantés par l'approche de l'ennemi, les civils couraient dans tous les sens comme des animaux pris au piège. Les Windsor écoutaient jour et nuit les informations diffusées par la radio. Lorsque l'Italie entra à son tour dans là sarabande, le major Dodds, le consul britannique à Nice, demanda aux Windsor de partir pour l'Espagne : le consul d'Espagne lui avait fourni un laissez-passer. Après avoir brûlé certains documents, les Windsor commencèrent leur progression vers l'Ouest. Mais lorsqu'ils se heurtèrent à une chicane tenue par des vétérans de la Première guerre, il y eut des protestations, de longues palabres : les Windsor devaient rebrousser chemin. Le duc descendit de voiture, s'avança vers les militaires.

— Je suis le prince de Galles. Laissez-moi passer s'il vous plaît (1).

Ils n'avaient pas de papiers, mais la phrase prononcée par le duc fit l'effet d'un « sésame ». On ne l'oubliait pas, on subissait toujours ce charme prenant qui était le sien. Au bout de quelques heures d'attente, les Windsor purent enfin franchir la frontière.

A Madrid, l'ambassadeur britannique, Sir Samuel Hoare (une vieille connaissance du duc) leur apprit que Winston Churchill dépêchait à Lisbonne un navire de la Royal Navy, le *Kelly* chargé de les ramener en Grande-Bretagne où le duc de Westminster leur offrait son château d'Eaton Hall, dans le Cheshire. Mais le duc se montra intraitable : malgré le danger, la guerre, il ne reviendrait pas chez lui tant que le problème de la duchesse ne serait pas réglé. La

_____

(1) En français dans le texte.

duchesse se rappelait avec amertume le camouflet subi lors de l'une de leurs visites en Grande-Bretagne : elle avait été ignorée, on la regardait comme si elle était transparente. Le duc ne souhaitait pas que cela recommençât. Quoi ! S'attacher à ces « broutilles » quand le monde croulait tout autour d'eux ! Décidément, ricanaient les ennemis du duc, voilà un homme bien léger...

En juin 1940, la France s'était résignée à signer l'armistice, les armes s'étaient momentanément tues. L'Angleterre se tenait sur le qui-vive, se préparant à affronter l'aviation nazie qui allait fondre, en août 1940, sur l'île. La requête, l'entêtement du duc ne semblaient donc pas « indécents », et Winston Churchill tenta, mais en vain, de ramener ces « messieurs » à plus d'indulgence. Lui qui aimait tant le duc fut très heureux de lui offrir en compensation la charge de gouverneur des Bahamas et d'enregistrer l'acceptation de son ami. « J'ai fait de mon mieux », telle est la conclusion significative du télégramme adressé par Churchill au duc de Windsor.

Sir Walford Selby, un ministre de la Couronne britannique que les Windsor avaient fréquenté lorsqu'il était en poste à Vienne, les installa dans une maison de Cascais au bord de la mer, qui appartenait au banquier Espirito Santo. Miguel Primo de Rivera, le frère du célèbre José Antonio assassiné durant la guerre d'Espagne, tenta de persuader le duc de regagner l'Espagne.

— J'ai dit au duc, avoue-t-il, qu'il pouvait encore jouer un rôle important et, qui sait, reconquérir son trône.

— Impossible ! répliqua le duc, abasourdi par cette proposition singulière, la constitution britannique est formelle.

Dans les milieux « autorisés », on murmurait que les Espagnols, travaillés par les Allemands, projetaient d'enlever le duc et de s'en servir comme monnaie d'échange.

A l'été 1940, le sort de la Grande-Bretagne était imprécis, on n'écartait pas l'éventualité d'une défaite. Si cela était, il était normal de supposer que le vainqueur chercherait l'homme capable d'assumer la relève et de négocier avec lui. En 1945, Konrad Adenauer et Willy Brandt furent désignés pour cette tâche extraordinaire. Mais Hitler n'était pas assez stupide pour penser que le duc de Windsor tomberait dans le panneau. Le duc de Windsor était un patriote — il l'avait démontré en 14-18 — le duc de Windsor ne recueillerait jamais un pouvoir entaché par cette forfaiture.

Que les Allemands, secondés par les Espagnols, aient comploté autour de la personne du duc, aient tenté de le retenir en Europe, n'est pas invraisemblable. Ils commettaient pourtant une grave erreur psychologique : le duc n'était pas homme à se laisser manœuvrer, à se conduire au sein de son pays qui l'avait si mal jugé, en félon. Ardent partisan de la paix, le duc n'aurait pas bradé la fin des hostilités en collaborant avec une puissance étrangère.

En 1914, le duc avait combattu une Allemagne à laquelle le liaient ses plus doux souvenirs d'enfance : les soldats teutons étaient menés par ses cousins, ses oncles, et la famille royale britannique avait souffert de cette ambiguïté. Les Anglais s'étaient jetés dans la guerre avec une passion insouciante qu'ils n'éprouvaient pas, eux. Combien de leurs parents seraient sacrifiés ? Mais le prince de Galles avait gommé tout cela, il s'était battu contre son père, contre les ministres pour éviter d'être un « planqué »... Aujourd'hui, il inclinait vers une paix négociée qui eût évité l'anéantissement de l'Europe, l'effritement de l'empire britannique, mais la reddition de la France remettait tout en question.

Les Allemands et les Espagnols ne désarmèrent pas.

— C'est un traquenard, lui dit-on, les services secrets britanniques ont l'ordre de vous assassiner dès votre arrivée aux Bahamas.

Walter Monckton prit un avion pour Lisbonne afin de consulter le duc. Flanqué d'un détective appelé en renfort, le duc et la duchesse purent enfin embarquer sur un navire qui les conduisit via les Bermudes aux Bahamas. Ils auraient souhaité relâcher aux États-Unis, mais le président Roosevelt s'y opposa formellement. Il préparait sa réélection de novembre et tenait à maintenir la neutralité des États-Unis. Il ne fallait pas contrarier les isolationnistes acharnés de son pays.

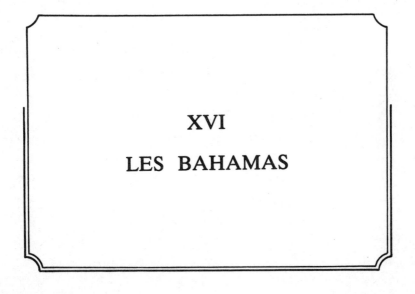

XVI

LES BAHAMAS

« *Le plus dur aujourd'hui est de réprimer ses pensées ;*
D'être calmement assis et de ne pouvoir secourir
le cavalier aveugle dont la monture se précipite
inconsidérément dans l'abîme. »

ARTHUR WALEY.

Le groupe des îles Bahamas est le prolongement naturel des récifs de Floride. La résidence du gouverneur est perchée au sommet d'une colline dominant la mer que l'on aperçoit au travers des piliers de la façade. Les jardins situés à l'arrière de la mer regardent, eux, la ville de Nassau. De modeste dimension, l'île de Providence est la plus peuplée des Bahamas.

La période la plus chaude de l'année se situe à la mi-août. C'est précisément à cette époque de l'année que les Windsor arrivèrent sur l'île. La cérémonie d'intronisation du nouveau gouverneur fut un vrai cauchemar, note la duchesse ; le duc, le chef de la justice dégoulinaient de sueur, et leurs signatures sur le document officiel furent copieusement arrosées de transpiration. La duchesse se plaisait à Nassau : le quartier du XVIIIe siècle avec ses immenses palmiers, ses maisons de style géorgien, la résidence du gouverneur de type colonial lui rappelaient les lieux de son enfance.

La résidence du gouverneur, elle, craquait de toutes parts, elle avait besoin de sérieuses réparations : les Windsor télégraphièrent aux Sigrist (1) dans l'espoir qu'ils leur trouveraient une maison où ils s'installeraient en attendant la fin des travaux. Les Sigrist répondirent par la négative : il n'y avait rien à louer, mais pourquoi les Windsor ne logeaient-ils pas chez eux ? Prospect Ridge était une merveilleuse et confortable maison, dotée d'un spacieux jardin, construite sur les coraux au-dessus de la mer.

Aux Bahamas, la saison chaude dure trois mois : le reste de l'année, un climat semi-tropical y règne. Inconvénient de cette perpétuelle douceur : les insectes pullulaient et la duchesse clamait à qui voulait l'entendre que les maudites bêtes la dévoraient jour et nuit. Mais, enfin, les Bahamas sont un endroit paradisiaque : de beaux jardins, une mer toujours à la température idéale, Miami à une demi-heure d'avion... A ce propos, il est faux, comme certains l'ont prétendu, que la duchesse se rendait une fois par semaine en avion chez son coiffeur de Miami. La duchesse a toujours détesté prendre l'avion : cette histoire a été forgée de toutes pièces par ceux qui ne cessaient d'inventer à son propos les pires fariboles. Oui, elle se rendait à Miami, mais pour acheter ce qui lui était nécessaire pour meubler le jardin, et si elle fréquentait un coiffeur, c'était à Nassau...

La duchesse a longuement insisté sur l'aisance du duc à remplir sa fonction de gouverneur. Elle était elle-même très active, tant à la tête de la Croix-Rouge qu'en tant que membre des Filles de l'Empire britannique. La résidence du gouverneur rénovée accueillit de nombreux dîners et réceptions. Elle recevait les hommes politiques de l'île avec sa finesse et son fair-play habituels. Le duc acheta une embarcation baptisée *Gémeaux,* le signe zodiacal de la duchesse, et ils purent ainsi visiter les quelque sept cents îles de leur domaine. Bien sûr, être gouverneur des Bahamas semblait dérisoire à côté des événements atroces qui secouaient le monde, mais le duc s'y consacra avec toute son énergie.

Le duc éprouvait des sentiments extrêmement particuliers à l'égard de ces millionnaires qui avaient bâti leurs fortunes de leurs mains. N'importe quel idiot peut se vanter de son compte en banque

---

(1) Frederick Sigrist, ingénieur aéronautique hors pair, avait été à l'origine, avec Sir Thomas Sopwith, de la création de la Hawker-Siddely Aircraft Company. Au moment de l'arrivée des Windsor aux Bahamas, il était sur le point de rejoindre les États-Unis pour diriger la construction des avions de chasse Hurricane.

lorsqu'il l'a hérité de ses parents, mais les self-made-men... **Réflexe** de snob qui croit ainsi s'encanailler. Les Bahamas étaient un terrain d'élection pour le duc, car de nombreux « nouveaux riches » y avaient pignon sur rue. Le plus célèbre de tous était Sir Harry Oakes, un Américain qui, après avoir fait fortune dans les mines d'or du Canada, avait opté pour la citoyenneté canadienne. Sir Harold Christie ne lui cédait en rien : ce nabab de l'immobilier avait été le premier à exploiter les incroyables possibilités touristiques des Bahamas et à créer des implantations hôtelières fréquentées en hiver par les Américains nantis qui venaient réchauffer leurs os transis sur ces plages au sable d'argent et dans la mer au bleu pétillant d'étoiles.

Mais après Pearl Harbor, la guerre se rapprocha des Bahamas. Les touristes cessèrent leur va-et-vient, les plages furent envahies par la carcasse des bateaux coulés par les U-Boats. Les dames de la Croix-Rouge furent mobilisées vingt-quatre heures sur vingt-quatre.

En 1942, le Bureau colonial de Londres s'inquiéta : et si un U-Boat kidnappait les Windsor et les gardait en otages ? L'armée barda la résidence du gouverneur d'une enceinte protectrice de fils barbelés et se livra à des opérations fictives de riposte. Les Windsor s'amusèrent beaucoup à se plier à ces exercices qui les obligeaient à ramper sous les barbelés..., un soir, ils allèrent même jusqu'à faire prisonnier le major Gray Phillips en le tirant brutalement de son lit. Mais les plaisanteries s'arrêtèrent avec l'arrivée d'un détachement des Cameron Highlanders.

Les Américains construisirent un champ d'aviation portant le nom de Windsor, qu'ils partageaient avec la R.A.F. Cela ne se fit pas sans mal, car les ouvriers de couleur engagés sur place se plaignaient de ce que leurs salaires fussent inférieurs à ceux des Américains. En mai, les Windsor se rendirent à Washington. Ils se trouvaient avec Lady et Lord Halifax à l'ambassade britannique quand une dépêche les prévint que des émeutes avaient éclaté à Nassau. La foule des manifestants avait brisé les vitrines et pillé les magasins de Bay Street ; ils s'étaient enivrés jusqu'à plus soif. Le duc prit le premier avion en partance pour les Bahamas où il proclama la loi martiale, édicta des mesures radicales et laissa les Cameron Highlanders et la police nettoyer les derniers points de résistance.

Les travailleurs indigènes obtinrent gain de cause.

Le duc développa, dans la mesure de ses pouvoirs, l'agriculture, mais il lui était difficile de lutter contre le bastion du tourisme, seule richesse de l'île, d'encourager une exploitation agricole normale qui fut balayée, après guerre, par le boom des voyages organisés, des charters. Les efforts du duc ne produisirent pas les résultats escomptés.

Les Windsor ne se privaient pas d'escapades à Washington : ils déjeunèrent à la Maison Blanche. Le président Roosevelt avait également convié de vieilles connaissances du couple : Herman et Katherine Rogers.

— Venez à Nassau, dit la duchesse.

— Nous n'avons pas de passeports, expliqua Katherine Rogers.

— Vous les aurez, promit Roosevelt.

Ainsi, les Rogers purent-ils voguer vers Nassau, ce qui réjouit la duchesse.

Lorsque Churchill s'adressa au Congrès, les Windsor étaient là, écoutant le grand homme, l'applaudissant frénétiquement. Mais (c'est Lord Moran qui parle) : « Au moment où le duc se levait de son siège, une immense ovation, supérieure à celle accordée à Churchill, le salua. Nous en fûmes tout surpris. »

Ils poussèrent aussi jusqu'au Canada, dans le ranch du duc, allèrent à Baltimore, chez l'oncle de la duchesse, le général Henry Wardfield. Et là comme ailleurs, il y avait sur leur passage des centaines et des centaines d'individus criant, hurlant, semblables à ces mille « fans » menés par tante Bessie qui se tenaient sur le quai de la gare de Washington, lors de leur première visite.

En juillet 1943, Sir Harry Oakes fut sauvagement assassiné pendant son sommeil. Le duc téléphona immédiatement à la police de Miami, ce qui lui fut amèrement reproché. Pourquoi ne pas avoir eu recours à Scotland Yard ? Mais il fallait se hâter : Miami n'était qu'à quelques encâblures, Londres, à des milliers de kilomètres. Le médecin légiste n'était pas de cet avis : les détectives de Miami ne disposaient pas de moyens suffisants pour éclaircir le mystère. Il conclut que Oakes avait été tué par un coup de tisonnier pendant son sommeil, qu'il n'avait pas, sous le choc, repris connaissance, ni senti les trois coups meurtriers assenés ; les détectives, eux, constatèrent des traces évidentes de lutte. On crut à un crime de la Mafia, mais l'énigme, qui avait profondément secoué l'île et ému le duc qui s'était entiché de cet homme sorti de sa gangue, ne fut jamais résolue.

Quelques années plus tard, l'auteur dînait chez Lord Beaverbrook, dans sa villa du Cap d'Ail. Était également présent Sir Harold Christie qui avait dormi sous le même toit que l'infortuné Oakes.

— Allez; dit Beaverbrook en éclatant de rire, avouez donc, vous avez trucidé Harry Oakes !

Beaverbrook adorait placer cette plaisanterie, mais cette fois, Christie se contenta d'un pâle sourire.

Mais la vie continua. La vie et la guerre. On doit à la duchesse d'avoir ouvert la première maternité de Nassau réservée aux femmes de couleur. Elle s'activait sans relâche à la cantine qu'elle dirigeait. Un jeune officier de la R.A.F., invité à la résidence du gouverneur, ne tarit pas d'éloges sur la duchesse : les hommes de l'armée britannique et du Commonwealth l'adoraient. Son travail à la cantine était réel, les hommes la voyaient mettre vraiment la main à la pâte. Elle avait « un cœur gros comme ça », ajoute-t-il. Voilà qui contredit ces « messieurs » de Londres qui ne souhaitaient pas le retour du duc en Grande-Bretagne, surtout parce qu'ils redoutaient que les troupes réservassent un accueil houleux à la duchesse. N'était-ce pas plutôt le contraire qui se serait produit ? Le duc était fini, « nettoyé » dans son pays : la présence de la duchesse à ses côtés risquait de faire remonter considérablement sa popularité.

Le départ des Windsor des Bahamas, en 1945, donna lieu à de touchants témoignages d'affection : les cadeaux affluèrent à la résidence du gouverneur. A l'automne, après un crochet par les États-Unis, ils étaient à nouveau en France.

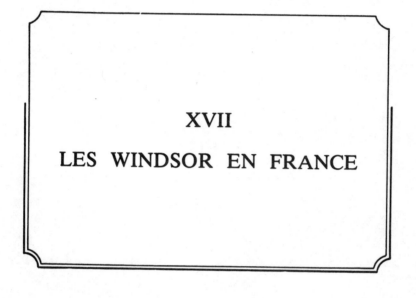

XVII

LES WINDSOR EN FRANCE

> *« Je connais le monde, je sais ce que représente la souveraineté, je sais ce qu'éprouve un sujet. J'ai eu d'heureux et de mauvais voisinages. »*
> ÉLISABETH Iᵉ D'ANGLETERRE.

Les six années de guerre, l'occupation n'avaient pas causé de dommages à la demeure du boulevard Suchet : les biens des Windsor étaient intacts. Mais leur bail venait à expiration. Ils se transportèrent donc rue de la Faisanderie, puis dans une maison comportant un grand jardin, propriété du gouvernement français dont le loyer était dérisoire et purement fictif. Ils ne devaient plus quitter le Bois de Boulogne, ces lieux hantés par la présence du général de Gaulle, de Gaston Palewski, l'un des ministres du général, et un ami des Windsor auxquels il parlait souvent de cet autre ami... Charles de Gaulle. Gaston Palewski a été frappé par le changement de style des dîners : aux silences, aux conversations chuchotées à voix basse, à la règle ascétique du général succédaient le tourbillon de la « jet-society », la munificence et l'éclat de la table de la duchesse dont l'esprit fusant de toutes parts n'avait d'égal que la somptuosité des mets, des vins servis.

En débarquant en Europe, les Windsor (le commandant de leur bateau s'était enquis de savoir s'ils pourraient accoster à un port britannique) furent assaillis par des journalistes curieux du sort du duc : vivrait-il en Grande-Bretagne ? Bien sûr, répondit-il. Dix ans avaient passé, la guerre aussi, son abdication n'était plus qu'un lointain souvenir, et pourtant... « Le principal souci de ces « messieurs » est toujours de le retenir hors de son pays. »

Mais, disons que les choses étaient maintenant plus faciles. La duchesse ne se sentait bien qu'en France. La plupart de leurs amis, quoi qu'on ait écrit à ce sujet, étaient Français, elle s'habillait français, elle mangeait français, ce qu'elle réussissait le mieux, elle le devait encore à la France. Elle ne rêvait que de s'établir en France et de se rendre de temps à autre aux États-Unis. Ce qu'ils firent : d'avril au lendemain de Noël, ils étaient à Paris, puis ils s'envolaient vers New York et leur délicieux appartement du Waldorf Tower à la vie extraordinaire, ou bien encore, ils allaient à Palm Beach, chez des amis. On murmurait qu'à Palm Beach ils ne cessaient d'importuner leur entourage obligé de débourser des sommes importantes pour le seul privilège d'être aperçus en leur compagnie.

Le duc avait maintenant cinquante ans, et bien qu'il déplorât d'être toujours inactif — et Dieu sait qu'il eût été utile dans le monde des affaires ou de la politique — il était heureux, détendu. Il tenta une démarche auprès des Nations Unies : pourquoi pas un poste d'ambassadeur itinérant ; mais...

On a publié beaucoup de biographies du duc de Windsor, toutes insistent sur le fait qu'il ne supportait pas l'exil. Certaines de ses photographies, prises sous un angle particulier, accentuent sa tristesse. Le duc n'a jamais repoussé les photographes, et ceux-ci le connaissaient assez bien pour savoir que l'expression mélancolique de son visage lui était habituelle et qu'elle ne s'estompait que lorsqu'il souriait. Mais les photographies où il paraît à la fois malheureux et étonné faisaient la une des quotidiens. Personne n'a oublié ces traits crispés affichés lors des funérailles de la reine Mary et du roi George VI.

Il ne souffrait réellement que d'une chose : être séparé de la duchesse. Témoin, Lady Mabell Airlie : « Au cours d'un déjeuner, je me tournai vers mon voisin, Winston Churchill, et nous nous mîmes à parler du duc et de la duchesse de Windsor. Winston me confia qu'il l'avait toujours aimée. L'amour que lui porte le duc appartient à l'histoire, ajouta-t-il ; s'éloigne-t-elle de lui pendant une quinzaine de jours, il n'est plus le même, il erre, perdu, misérable, incapable de fixer son attention. La voilà de retour et il se métamorphose, retrouve sa gaieté, son naturel, son assurance. Ne nous y trompons pas : il ne peut pas respirer sans elle. »

La tristesse du duc est donc une légende. Tous ceux qui le fréquentèrent dans les années qui suivirent la guerre, en jureraient. Sans doute était-il moins attaché que la duchesse à Paris, eût-il préféré s'établir à Londres, mais la distance séparant les deux villes est dérisoire, et un véritable pont aérien d'amis s'établit entre les capitales. Les amis américains les imitaient. Bref, les Windsor n'avaient pas une seconde à eux.

Le château de la Croë étant en vente, ils songèrent à l'acquérir ; ils constatèrent sur place que les troupes italiennes y avaient causé peu de dégâts, mais la Côte d'Azur avait considérablement changé, ce pays n'était plus conforme à leurs souvenirs d'antan, c'était loin de Paris, on ne pouvait entreprendre un tel déplacement pour un court séjour de un ou deux jours, et puisque la duchesse persistait à bouder l'avion...

« S'enterrer dans cette contrée où les vieillards se prolongent avec un bel acharnement ? » Non ! Mais fuir vers le soleil ? Oui ! Marbella, en Espagne, semblait tout désigné et la duchesse pensait que son vieux compagnon des heures de Pékin, Georges Sebastian déploierait sa fameuse habileté, son goût sans failles pour leur construire une villa. Mais le projet tomba à l'eau : ils ne pouvaient pas quitter Paris, leurs finances ne leur permettaient pas d'entretenir trois maisons. Il fallait se rabattre sur les environs de Paris, dénicher une agréable campagne (ce serait facile) où le duc aurait un jardin.

Au début des années cinquante, la duchesse avait trouvé la perle rare : le moulin de la Tuilerie, dans la vallée de Chevreuse, à une trentaine de kilomètres de Paris, non loin du village de Gif-sur-Yvette qui n'avait pas encore été défiguré par de hideux buildings modernes. Le bâtiment remontait au XVIIe siècle, on entendait la rumeur de la rivière brassée par la roue du moulin. Par la cour pavée, on pénétrait dans divers corps d'habitation, il y avait même une grange. Le duc devait à ses origines royales de ne vouloir vivre que dans des petites pièces, confortables, chaudes. Il laissa la duchesse transformer les lieux rustiques en salon, salle à manger, chambres et salles de bains, mais il tint à conserver cette notion d'intimité que l'on remarque à Versailles où les petits appartements alternent avec les immenses et imposantes suites. Donnaient-ils un grand déjeuner ? Dans la grange, on mettait bout à bout deux tables ovales qu'ils présidaient fort solennellement. Le dîner était généralement servi dans la maison principale : le duc s'y montrait souvent en kilt. Si les Windsor n'avaient qu'un ou deux invités, s'ils étaient seuls, ils déjeunaient dans une loggia, située en dehors de la maison et faisant face au jardin. En été, c'était un rêve.

Secondé par Mme Russell Page, le duc se lança dans l'agencement d'un jardin à l'anglaise : deux talus herbeux et une pelouse débouchaient sur les flots tumultueux de la Mérantaise. Au-delà des arbres, se dressait un promontoire où le duc amena un aqueduc miniature dont l'eau se répandait sur les rochers et les plantes alpestres. Il voulait que son cher jardin (qui comportait également une serre) fût un modèle de perfection et d'harmonie. La duchesse adorait les fleurs et en décorait chaque pièce, mais elle ne participait pas aux travaux rustiques de son époux. Le jardinier du Moulin était alsacien. Le duc, toujours gêné par son français approximatif, s'entretenait avec lui en allemand.

Le Moulin marqua une étape importante dans la vie des Windsor. C'était la première fois qu'ils possédaient quelque chose vraiment à eux. La duchesse, qui s'était dépensée pour choisir les meubles, assembler les couleurs tout en guettant le duc dans son jardin, en avait fait un endroit délicieux. Autre avantage : le Moulin n'était qu'à une trentaine de kilomètres de Paris, ils pouvaient donc y venir presque chaque après-midi. Bref, c'était la plus agréable, la plus joyeuse des demeures où il faisait bon profiter du passage des saisons, l'hiver, dans la chaleur bénéfique d'un feu de bois, l'été, dans la splendeur du jardin.

Mais on n'entrait pas au Moulin sans montrer patte blanche. D'abord votre voiture roulait jusqu'aux grilles, là, le gardien scrutait dans l'obscurité votre véhicule pour être sûr que vous n'étiez pas un intrus. Enfin, vous vous avanciez par la cour pavée jusqu'à la maison. Vous n'attendiez pas longtemps : la porte s'ouvrait immédiatement et vous étiez accueilli par un valet de pied qui vous prenait en main sans vous laisser souffler. Vous vous dirigiez ensuite vers le hall où le duc, la duchesse et leurs invités se trouvaient rassemblés autour d'un énorme feu de cheminée. Les hommes étaient en jaquette, les femmes en robe du soir, mais vous remarquiez que le duc demeurait fidèle au kilt, et plus particulièrement au tartan des Stuart. Dès votre arrivée, vous étiez subjugué par la gentillesse, l'aisance du couple qui parvenait à vous persuader que l'on n'espérait plus que vous pour commencer la fête. Vous preniez un cocktail, un whisky, admirant la superbe argenterie où vous piquiez un appetizer, vous restiez debout, vous vous asseyiez près du feu. A 9 h 20 précises, retentissait le rituel « Son Altesse Royale est servie » saluant la duchesse qui s'avançait devant les femmes présentes tandis que le duc en faisait autant pour les hommes. La table était belle, brillait des nombreux chandeliers, de l'éclat des fleurs. Mais en regardant attentivement autour de vous, vous constatiez la simplicité, toute campagnarde, des lieux : les meubles et les objets les plus précieux étaient à Paris.

Que l'on fût huit ou moins, la conversation était très gaie, animée, divertissante et roulait souvent sur la politique. Le duc se passionnait pour l'état du monde. Grand lecteur (comme la duchesse) de journaux, de magazines, il n'ignorait rien des événements intéressant la France, la Grande-Bretagne, les États-Unis... Savait-il, par ces mêmes journaux, que l'on continuait à cancaner sérieusement sur leur compte, sur leurs amitiés ? La duchesse n'en avait cure, elle repoussait ces broutilles d'une pirouette, sans y mettre de méchante intention, ce qui est assez rare.

Que mangeait-on chez les Windsor ? Un menu type comportait des filets de barbue nappés d'une sauce très riche, des perdrix grillées, de la salade, un pudding glacé et des amuse-gueule. Le duc était toujours attaché à l'usage britannique du verre de porto à la fin du dîner. Les zakouskis salés de la duchesse eussent fait hurler d'horreur les Français qui affirment : « On ne sert pas d'œufs brouillés après la glace au chocolat ! », mais ils étaient si savoureux, que ses hôtes français ne pouvaient y renoncer. Les vins étaient naturellement adaptés aux différents plats : vin du Rhin avec le poisson, vieux bordeaux avec la viande ou le gibier, sauternes avec le pudding. La dernière bouchée avalée, les femmes se levaient de table et laissaient les hommes entre eux.

La duchesse entraînait parfois ces dames vers sa chambre à laquelle on accédait par un escalier étroit, un couloir débouchant sur un gigantesque salon qui avait été jadis un grenier. Le terrain sur lequel avait été érigé le Moulin était si vallonné que l'on pouvait admirer le paysage sur deux niveaux. Les rideaux étaient tirés, de gigantesques bûches se consumaient dans l'âtre jetant des lueurs sur les murs, sur les étoffes où dominaient le rose et l'abricot, rendant les femmes encore plus belles.

Au bout d'une demi-heure, le duc se montrait, tenant à la main un cigare de bonne taille, et suivi par ses invités. Puis les valets apportaient champagne et whisky. Et quand venait l'heure de se séparer, la duchesse disait au revoir tandis que le duc raccompagnait ses amis en bas. Le maître d'hôtel apportait les manteaux, ouvrait la porte, un vent froid s'insinuait dans la maison où régnait une douce chaleur, mais le duc, les genoux nus, ne bougeait pas, ne frémissait pas jusqu'à ce que la dernière voiture ait tourné l'allée.

La duchesse sentit qu'il était temps pour elle d'apprendre le français. Elle demanda à un ami anglais, Walter Lees, de lui trouver un professeur.

— Je préférerais que ce fût une femme, j'aurais ainsi moins honte de mes erreurs.

Le duc ne démordit pas : il se contenterait de l'allemand et de l'espagnol, qu'il « rafraîchissait » un peu à l'occasion de visites de connaissances espagnoles ou sud-américaines.

Ainsi que le constate James Pope-Hennessy dans la biographie qu'il a consacrée à la reine Mary, la famille royale britannique n'avait aucun sens artistique. La reine mère avait entassé pendant toute son existence des dizaines et des dizaines de tableaux, mais sans être capable de dénicher l'oiseau rare. Ou du moins, quelque chose de valable. Sa belle-fille avait, semble-t-il, hérité du même travers. La résidence parisienne des Windsor regorgeait de bibelots, nids à poussière (toute une table était par exemple consacrée à des carlins en porcelaine), mais...

Les Windsor avaient la folie des carlins qui avaient remplacé les terriers d'antan : les petites bêtes reniflaient, déboulaient lourdement dans les jambes des invités qui ne savaient comment s'en débarrasser. Soumis par la duchesse à un régime draconien, les chiens se rattrapaient avec Sidney, le valet de pied noir, qui se moquait bien de la diététique. Gâtés, adorés par le couple, les chiens tyrannisaient la maisonnée... Le duc subissait, mais se serait gardé d'emmener la duchesse à une exposition canine de crainte qu'elle ne ramenât d'autres pensionnaires à quatre pattes...

En août, les Windsor étaient à Biarritz, à l'hôtel, avec les Dudley. Lors d'une conversation avec l'auteur, Lady Grace Dudley a vanté la rapidité d'esprit, l'intuition et la générosité de la duchesse. Elle indiqua encore que le duc et Lord Dudley ne cessaient, au cours de leurs parties de golf, de leurs baignades, d'évoquer le passé.

Venise les attirait. Ils avaient là aussi maint ami. Mais le plus somptueux était certainement Carlos de Bestegui qui, de son extraordinaire palais Labbia, dominait la cité des doges... Beauté et originalité..., les fresques d'Antoine et Cléopâtre peintes par Tiepolo, les huit candélabres vénitiens disposés à des hauteurs différentes, dans une pièce quasiment vide... Un jour, Bestegui s'enquit auprès de la duchesse de ce qu'elle souhaitait voir à Venise, il mettait sa gondole personnelle à sa disposition.

— Oh, répliqua-t-elle, à l'étonnement de Bestegui, j'aimerais connaître la maison de la comtesse.

— Pourquoi pas, mais vous serez déçue, elle est horrible !

La duchesse ne fut pas de cet avis, elle alla prendre le thé chez la comtesse et ne tarit pas d'éloges sur la maison. C'était bien digne d'elle ! Entre le clinquant, le tapageur et la perfection classique, elle s'enthousiasmait pour une espèce de faux chic « à la mode ».

Le duc hantait toujours les terrains de golf avec la même assiduité. Il courait entre Saint-Cloud et Saint-Germain, ne déjeunait pas, jouait entre 12 h 30 et 13 heures, heures creuses idéales. Sir Berkeley Ormerod, ex-champion de golf de l'armée britannique, l'imita. Bea, sa femme, était la veuve de Frederick Sigrist, qui avait prêté sa maison de Nassau aux Windsor ; Bill Ormerod avait, lui, dirigé le Bureau de l'Information britannique à New York pendant la guerre. Le duc puisa largement dans les archives du BIB quand il entreprit de rédiger ses *Mémoires, L'Histoire d'un roi*. Bill Ormerod se privait donc de déjeuner par affection pour le duc : il avalait sans sourciller un petit pain et regardait le duc sortir d'un récipient son thé de Chine pour lequel il réclamait invariablement de l'eau bouillante. Dans une lettre à l'auteur, Bill Ormerod, conscient de la réputation d'avarice du duc, souligne que le duc n'a jamais renâclé pour payer ses droits d'admission au links. Dont acte.

Quels étaient les moyens financiers des Windsor ? Ils étaient riches, mais ne faisaient montre d'aucune extravagance. L'inflation augmentant chaque année, le duc s'efforça de veiller au grain et de contrôler ses investissements. Il avait lu l'ouvrage de Sir Berkeley, un expert de Wall Street sur le Dow Jones et avait été passionné par les thèses du financier.

En 1951, les droits d'auteur de ses *Mémoires* lui rapportèrent près d'un demi-million de livres ! Et la duchesse surenchérit avec ses souvenirs, *Le Cœur a ses raisons.* Le duc était tout excité : spéculer, gagner de l'argent, quel divertissement ! Il accepta donc très volontiers la proposition de Jack Le Vien qui allait tirer un documentaire de ses *Mémoires.* Le fait qu'il bénéficia du même contrat rédigé pour Sir Winston Churchill, quelques années plus tôt, contrat établi par des avocats américains, le rassura. Mais il l'étudia néanmoins de près.

— Altesse, demanda Jack Le Vien, puis-je me permettre de vous interroger : qu'est-ce qui vous choque ? Ce contrat est identique à celui de Sir Winston.

Le duc répondit :

— Oh, je regardais simplement si vous aviez prévu une clause concernant mes dépenses.

Histoire d'un roi et *Le Cœur a ses raisons* sont de précieux documents qui nous éclairent sur les faits intimes de leurs auteurs. Les *Mémoires* du duc constituent de loin le témoignage le plus intéressant. Bien sûr, il a eu recours à un nègre, mais on devine les pulsations de son être, il se dévoile ici tout entier alors que la duchesse apparaît autre. Où sont son humour, sa gaieté prover- biale ? Croirait-on que cette femme ait réussi à inspirer un tel amour, à faire perdre à un roi son trône, son royaume, métamor- phosé un homme dont on connaissait les foucades, l'inconstance ? Et pourquoi les Windsor n'ont-ils pas écrit eux-mêmes leurs livres ? Ils en étaient fort capables !

James Pope-Hennessy, qui s'était attelé à la biographie de la reine Mary, se rendit souvent au Moulin. Il avait besoin de recueillir les souvenirs du duc. A la fin des entretiens, son livre achevé, il caressa l'idée de se consacrer aux Windsor.

— Quel est le pourcentage perçu par la famille royale pour votre essai sur la reine Mary, dit le duc.

— Mais rien ! rétorqua l'écrivain.

Le duc fut déçu, il pensait que si Le Vien voulait collaborer avec lui, il devait être payé de retour ! Il avait été à bonne école : l'argent ramassé par ses *Mémoires* et le film de Le Vien lui avaient aiguisé l'appétit ! Comment ! Il consacrerait son temps à Le Vien qui écrirait Dieu sait quoi sans qu'il lui fût possible de protester, et tout cela gratuitement ! Inadmissible ! Le duc avait perdu l'ingénuité de ses premières années, désormais il accordait de plus en plus d'importance à l'argent et œuvrait pour se protéger du mieux possible contre l'inflation galopante.

Mais cela n'empêcha pas son amour pour la duchesse de grandir au fil du temps, de peser plus lourdement. Parfois peut-être, la duchesse regrettait-elle sa liberté, cette chère liberté qui la menait de fêtes en réceptions. Elle était prisonnière. Et elle se rappelait les mots de Duff Cooper : « Vous avez tous les désavantages de la royauté et aucun de ses avantages. »

Pourtant, elle brisait parfois les barreaux de sa prison dorée. En 1950, les Windsor se lièrent avec Jimmy Donahue, un riche Américain (sa mère était une Woolworth), cousin de la scandaleuse et multimilliardaire Barbara Hutton. Donahue séduisit la duchesse par ses jeux de mots, ses volte-face spirituelles, son humour à l'emporte-pièce. Donahue n'était pas compromettant : son homosexualité, sa jeunesse (il avait dix-neuf ans de moins que la duchesse) le désignaient au rôle de chevalier servant platonique. La duchesse détestait se coucher tôt, pas le duc. Grâce à Jimmy Donahue, il pouvait rentrer pour aller vite se mettre au lit alors que la duchesse s'attardait avec Jimmy Donahue à une « party ». Mais Jimmy Donahue faillit bien, non pas séparer, mais provoquer au sein du couple une crise conjugale. En fait, le duc ne prisait guère ce Jimmy Donahue qui accaparait sa femme, s'insinuait entre eux, eux qui étaient maintenant mariés depuis trente-cinq ans ! La duchesse renonça à son accompagnateur. En 1954, quelqu'un demanda à Donahue : « Mais dites-moi, vous ne voyez plus la duchesse de Windsor ? » La réponse de Donahue fusa, cinglante : « Non, j'ai abdiqué. » L'amour d'Édouard pour Wallis ? Le duc l'a lui-même résumé dans cette phrase à Gaston Palewski : « Nous célébrons aujourd'hui notre mariage. Nous sommes mariés depuis dix-huit ans. Peut-être, quelque part dans le monde, existe-t-il un couple plus comblé que nous. Qu'on me le montre. »

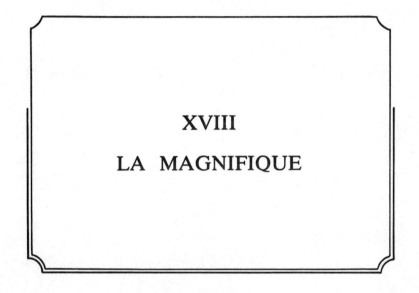

XVIII

LA MAGNIFIQUE

« Un pays où même la vieillesse est belle
Où même la sagesse est joie. »

YEATS.

La duchesse figura longtemps sur la liste des dix femmes les mieux habillées du monde, et pourtant, sa garde-robe était fort modeste. Elle ne se dispersait pas, mais achetait ses vêtements chez les plus grands couturiers de Paris et les portait pendant des années. A Mainbocher succéda Balenciaga, Dior et Dessés la comptèrent parmi leurs clientes. Mais elle était très attachée à Balenciaga, le roi des rois, un vrai artiste. Balenciaga avait une prédilection pour la duchesse, mais elle a aussi laissé un très bon souvenir chez Dior, qui inventa pour elle un bleu spécial. Ce n'était pas le « bleu Wallis », mais un bleu où passaient des éclairs de pourpre sombre s'alliant à la teinte de ses yeux. Dessés lui proposa des vêtements très simples, à la coupe irréprochable, et indémodables. La leçon de Mainbocher avait porté ses fruits. Lorsque Balenciaga se retira, Hubert de Givenchy devint le nouveau couturier de la duchesse.

— Cristobal, demanda-t-il à Balenciaga, m'autorisez-vous à reproduire pour la duchesse une housse, couleur « bleu Wallis » et qui porterait son monogramme exécuté au point de croix ?

— Bien sûr ! s'écria Balenciaga.

Ainsi, Hubert de Givenchy exécuta ces housses taillées dans une toile destinée aux nappes et portant ces mots brodés en blanc :

« SAR (Son Altesse Royale) la duchesse de Windsor » qui correspondaient si harmonieusement aux tapisseries, tentures, de la maison du Bois de Boulogne et respectaient ce « bleu Wallis » familier aux Français. Les gens qui servaient la duchesse, comme Hubert de Givenchy, étaient attirés par elle. Ses mensurations idéales pour un grand couturier (84-58-84), son exquis raffinement (elle choisissait toujours avec goût, ses chaussures, ses bijoux) contribuaient largement à sa popularité. C'est pourquoi, Hubert de Givenchy a tenu à faire taire ceux qui prétendaient qu'elle répugnait à régler ses factures : « Elle payait rubis sur l'ongle », affirme-t-il. Aujourd'hui, lorsqu'on lui parle de la duchesse de Windsor, il voit une femme d'une suprême élégance appuyée à la fenêtre d'un hôtel particulier du XVIIe siècle de l'île Saint-Louis, dans une merveilleuse robe jaune de Balenciaga, relevée de bijoux de la même teinte.

La duchesse détonnait singulièrement avec la façon de s'habiller des femmes de la famille royale qui, ma foi... La seule souveraine qui eût pu se targuer d'une certaine élégance était la reine Élisabeth Ire (ce qui ne nous rajeunit guère !) qui possédait une robe différente pour chaque jour de l'année, soutachée de diamants. Les autres ! Elles préféraient se montrer un fichu sur la tête, des grossières bottines aux pieds, et en chiffons froufroutants de tulle pour les grandes occasions. La duchesse refusa toujours énergiquement de porter des bottines : elle était une femme d'intérieur ! Lorsqu'elle accompagna le duc à Londres où ils devaient assister à l'inauguration d'une plaque commémorative dédiée à la reine Mary, on remarqua ses vêtements achetés à Paris. A côté de la famille royale qui arborait des toques fleuries et des manteaux pastel, on eût dit un être descendu d'une autre planète.

Tout en elle l'éloignait radicalement de la Grande-Bretagne. Elle n'aimait pas les jeux de cartes, si ce n'est le poker et le bridge, elle n'était pas sportive, ne pratiquait ni la pêche, ni le tir, ni la chasse. Elle raffolait des fleurs, mais ne touchait pas au jardin. L'agriculture était pour elle du chinois (la reine Mary lui aurait aisément damé le pion : n'avait-elle pas déclaré dans sa prime jeunesse, alors qu'elle se trouvait à la campagne : « Ah, c'est cela, du foin ? »). En guise d'exercice physique, elle s'adonnait à la danse, promenait ses chiens. Elle consacrait tout son temps à sa personne, à ses soins, capillaires, esthétiques. Elle n'était pas intellectuelle : en fait de lecture, elle parcourait les journaux et les magazines. Les ouvrages historiques et les biographies dont elle se régalait jadis au château de la Croë avaient été depuis longtemps rangés dans un placard : elle dévorait pendant ses insomnies des romans de quatre sous. Grâce au Ciel, elle n'éprouvait aucun penchant pour la musique : le duc aurait trop souffert de son manque d'oreille ! Ses goûts artistiques en matière d'ameublement étaient des plus suspects. En fait, elle était à cent coudées de ces reines d'Angleterre, de ces aristocrates britanniques et écossais qui avaient su harmonieusement marier les joies du sport et les bonheurs artistiques..., se dépenser sans compter sur leurs terres et ramener d'Europe les meubles français les plus précieux, les tableaux les plus extraordinaires.

La duchesse recherchait intensément la compagnie d'amis brillants, divertissants qui, comme elle, appréciaient la bonne cuisine et les vins fins. Elle allait d'instinct vers les couturiers qui se révélaient des novateurs mais qui ne dépassaient jamais les bornes de cet esprit « classique » auquel elle tenait tant. Si elle estimait que la porcelaine et la verrerie ne dépareraient pas un pique-nique à Palm Beach, elle envoyait quérir dans des caisses au Moulin, et ses invités étaient parfois époustouflés de boire un vieux bordeaux dans des verres verts très épais ou de manger avec des couverts à manches de bambou. Elle était avide des modes, de la nouveauté.

— Je suis certaine que vous n'avez jamais entendu parler de Liberace, dit-elle un jour à l'auteur sur un ton légèrement réprobateur.

Tout cela parce que l'excentrique pianiste surtout célèbre pour ses costumes tape-à-l'œil, sa mise en scène de mauvais goût et faussement romantique, était alors le « favori » de la jet-society. Il fallait lire entre les lignes : en réalité, la duchesse voulait faire entendre à l'auteur ceci : « Mais vous ne lisez donc pas la presse populaire ! » Une autre fois, elle remarqua :

— Vous avez de la chance, le duc et moi n'avons pas d'enfants, mais grâce à vous et à vos fils, la maison est pleine de gaieté et d'animation.

L'auteur nota alors la manière très américaine dont elle prononçait le mot « duc » et son intérêt pour la jeunesse.

Un de ses amis américains définit ainsi Wallis : « L'ennui avec elle, c'est qu'elle n'a jamais quitté sa maison. » Naturellement, elle ne laissera pas son nom attaché à une symphonie ou à un chef-d'œuvre de la peinture. Bien sûr, un dîner exquis, une conversation pétillante, une robe à la ligne parfaite sont fugitifs, mais à leur manière, sont aussi des œuvres d'art. La duchesse menait sa maison, imprimait à sa personne une élégance sans pareille. Le second Lord Monckton, le fils du cher ami du duc, a résumé ces qualités en une phrase : « Elle fut une épouse parfaite pour le duc. » Et il ajoute : « Ce qui m'a toujours frappé chez la duchesse, c'est, et vous savez combien les hommes apprécient cela, qu'elle décelait immédiatement le centre passionnel d'un individu qui, en dix minutes, était à ses pieds. Elle était charmante et bonne (1). »

Nous avons abondamment évoqué ses talents d'hôtesse, son don de la repartie était légendaire (Cole Porter souligne que s'entretenir avec elle, c'était comme participer à un match de tennis, sauf qu'elle ne gardait jamais la balle dans son camp), mais cela ne suffit pas. Les hommes les plus intelligents accouraient vers elle, de France, de Grande-Bretagne, des États-Unis : journalistes, politiciens, écrivains, médecins, femmes très chics qui subissaient encore et toujours la fascination exercée par le duc. Car les années n'avaient pas altéré sa magie légendaire. Mais la duchesse ne le lâchait pas d'un œil : voyait-elle qu'il supportait mal les assauts d'un fâcheux, elle changeait rapidement son plan de table, bousculait le protocole et s'arrangeait pour que le duc se trouvât près de « sujets » britanniques avec lesquels il pouvait enfin évoquer le bon vieux temps.

Les Windsor étaient-ils mondains ? Oui ! Mais ils ne cessaient d'être attentifs l'un à l'autre, de proclamer leur amour. Lui, surtout, qui craignait qu'elle fût indisposée par le moindre petit détail, qui la regardait intensément.

Un jour, ne comprenant pas ce qu'elle venait de dire, il se pencha et cria à travers la table.

— Chérie ! Ai-je bien saisi : vous avez mentionné le nom de la reine Mary ?

— Mais oui, répondit-elle, mais il ne s'agissait pas de votre reine Mary, mais de Bloody Mary !

Contemplant les centaines de bouquets de pensées qui décoraient la table du Moulin, une invitée s'exclama : « Votre Grâce ! j'ignorais que vous aimiez à ce point les pensées ! » La dame imprudente

_____
(1) Lettre à l'auteur.

(le duc détestait ce genre de plaisanterie) reçut pour tout commentaire un coup d'œil glacé de « Sa » Grâce !

Les Windsor entretenaient des liens privilégiés avec le journaliste Kenneth Harris qui avait réalisé une série d'interviews du couple pour la télévision britannique. L'apparition du duc sur le petit écran confirma sa popularité en Grande-Bretagne. En temps ordinaire, Kenneth Harris pouvait compter sur trois à quatre millions de téléspectateurs, la prestation nocturne des Windsor attira douze millions de Britanniques. Le duc demeurait une « légende vivante » pour le pays où il avait vu le jour, mais cette émission fut aussi pour lui l'occasion de présenter la femme qu'il aimait à la nation.

Les Windsor étaient le point de mire de l'actualité, mais en catimini, on ne se privait pas d'évoquer certains traits de leur personnalité. On leur reprochait, par exemple, leur amertume, mais c'était faux ! Il est vrai que pendant la guerre, le duc avait ressenti la frustration habituelle d'un homme à qui l'on refuse toute action, tout moyen de combler le vide de l'exil. Mais aujourd'hui, les Windsor étaient heureux, toujours unis, toujours amoureux, le temps ne semblait pas avoir de prise sur eux. Et s'ils se moquaient de l' « establishment », vocable dont ils usaient fréquemment, c'était avec tact. En un sens, le duc remerciait Dieu de ne pas avoir eu à assumer la responsabilité du déclin du prestige, de la prospérité de l'empire britannique. Aurait-il survécu à la fin des colonies britanniques, aurait-il contemplé sans frémir le drapeau de sa terre natale rendu aux anciens vainqueurs ?

Retourner en Grande-Bretagne ? Cette idée n'effleura pas le duc au cours des vingt-cinq années qui lui restaient à passer sur cette terre, et la duchesse ne l'encouragea jamais à rentrer dans son bon droit. La question de son titre n'était pas résolue, ils craignaient d'avoir à acquitter de lourdes taxes au fisc britannique. En France, le ministère des Finances les ignorait. Bref, le duc n'appartenait déjà plus à la Grande-Bretagne, sa mère et son frère favori, le duc de Kent, étaient morts, une nouvelle génération assurait désormais la relève.

Et en Grande-Bretagne, aurait-on toléré leurs animaux chéris, comme on le faisait aux États-Unis ? La duchesse était vraiment une « mère à chiens ». Elle avait même adopté un corniaud à l'œil un peu fou qui l'avait suivie jusqu'à sa porte, alors qu'elle achevait sa promenade quotidienne dans le Bois de Boulogne.

A chacune de leurs visites à Londres, le fidèle Walter Monckton (pendant la guerre, il abandonna le barreau pour la politique où il occupa plusieurs postes de premier plan) les attendait sur le quai de la gare. On le rencontrait souvent au Moulin, avec sa femme Biddy, où l'on guettait avidement les derniers potins des milieux politiques de la capitale.

La duchesse demanda un jour au spirituel journaliste Hervé Mille de lui obtenir la recette du chaud-froid de poulet qu'elle avait tant apprécié à Mouton, chez les Philippe de Rothschild. Il fit de son mieux pour arracher le secret, mais à un dîner au Moulin, le baron Philippe de Rothschild sortit de sa poche une enveloppe cachetée qu'il tendit à la duchesse, qui lut à haute voix ces lignes :

« Madame,

Permettez-moi de vous dire combien je suis flattée par la requête de Votre Altesse Royale. En dépit de mon profond respect, je ne puis vous livrer ma recette : autant me couper un bras. Et sans ma main que ferait le plus fin cordon-bleu, même s'il possède ma recette ? »

Un éclat de rire général salua l'envoi de la baronne Pauline de Rothschild qui, comme la duchesse, était américaine, et qui, comme elle, maîtrisait la cuisine française.

Hervé Mille s'est incliné devant le brio de la duchesse, qui touchait ses amis français. Ce brio n'excluait pas un certain ton « pointu » et aussi un rien de sentimentalité. Une année, Walter Lees disposa autour de la maison du Bois de Boulogne un chœur qui célébrerait Noël par ces hymnes qui attendrissent tant les Anglo-Saxons. Très émue, la duchesse s'empressa de remercier Walter Lees de cette magnifique surprise : « Que je vous dise d'abord l'émotion du duc et la mienne en entendant ces chants de Noël que nous savons vous devoir. Je n'ai pu retenir mes larmes ». Lorsqu'il organisa une projection privée de son documentaire, *L'Histoire d'un roi*, Jack Le Vien se trouvait très près des Windsor : ils pleuraient doucement. Mais qui aurait résisté à ce rappel du passé, à cette évocation de la terre natale, qui serait resté de marbre devant ce spectacle souvent déchirant ?

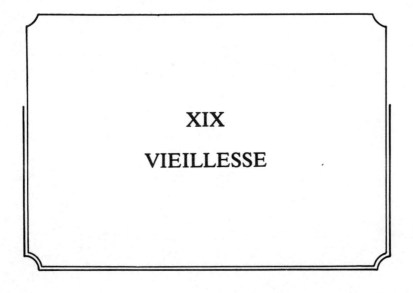

XIX

VIEILLESSE

« Ungebeten und ungewarnt nimmt sie uns in den Kreislauf ihres Tanzes auf, und treibt sich mit uns fort, bis wir ermüdet sind und ihrem Arme entfallen. »

GOETHE, *Natur.*

« Il est loin, le temps où Berthe filait... » Les Windsor n'échappaient pas au sort réservé au commun des mortels : la vieillesse. La duchesse affrontait cet état, la maladie, avec détermination et courage. Elle était résolue à ne pas céder un pouce de terrain. En 1964, le docteur de Backey, de Houston, opéra le duc d'une dilatation des artères et lui plaça une artère en plastique. Le duc surmonta le choc et de Backey et sa femme furent souvent reçus au Moulin. Mais la série noire n'était pas achevée : à Londres, le docteur James Hudson opéra, à la London Clinic, son royal patient d'un décollement de la rétine. Le médecin privé des Windsor, le docteur Antenucci quitta précipitamment New York pour venir au chevet du duc et assister à l'intervention. Le docteur Antenucci constata (1) le souci inquiet et attentif de la duchesse. Elle avait retenu une chambre voisine de celle du duc, ne le quittait pas de tout le jour, lui lisait les journaux. Bruce Ogilvy s'était entretenu — pour la dernière fois — avec le couple alors qu'ils attendaient le jour de

---

(1) Dans une lettre de Mme Hudson à l'auteur.

l'opération à l'hôtel Claridge. La reine, elle, alla voir son oncle à l'hôpital.

Désormais, il était interdit au duc de se consacrer à son jardin. Il se plaignait de lumbago, de ne plus pouvoir bêcher, biner, gratter la terre : pour qu'il pût atteindre sans difficulté les haies, la duchesse lui procura un trépied utilisé pour traire des vaches. En vain : il perdait la vue. Alors, ils mirent le Moulin en vente. Ils devaient se restreindre, mais ce fut un crève-cœur pour le duc. Cependant, ils ne parvenaient pas à trouver un acquéreur. Leurs prétentions étaient disproportionnées. Ils allaient conclure l'affaire lorsqu'un journal à sensation de Grande-Bretagne révéla la somme astronomique demandée par les Windsor pour le Moulin. Contrarié par cette publicité inopportune, le futur acheteur se retira. Et la sarabande recommença. Mais les alertes se faisaient de plus en plus précises : la santé du duc déclinait. Un soir, chez la princesse Caetani, le duc était assis à une table de gin-rummy, il ne disait mot, demeurait immobile. Un des joueurs le rappela à l'ordre : « Altesse, c'est à vous. » Le duc ne répondit pas, il semblait profondément endormi. Brusquement, son corps s'affaissa, il tomba, toujours sans une parole, de sa chaise. On l'allongea sur un canapé, où il reprit rapidement connaissance : « Où est mon cigare ? » demanda-t-il en ouvrant les yeux. La duchesse qui s'empressait auprès de lui, mais gardait la tête froide dans l'affolement général, dénicha dans son sac le numéro de téléphone de leur médecin, pria que l'on appelât l'Hôpital américain et leur domicile. Mais le duc était maintenant assez fort pour regagner sa demeure.

La femme de chambre de Cora Caetani, tremblante d'émotion, exsangue, se tenait au pied des escaliers lorsque parut le duc s'appuyant de tout son poids au bras de la duchesse. Il se retourna vers elle, et la prenant sans doute pour une Espagnole, s'adressa à elle en espagnol pour l'assurer de son amour pour ce pays. Elle répondit qu'elle était portugaise. « Merveilleuse contrée », rétorqua le duc, sans se troubler. « Quel cran, quelle dignité, quelle politesse ! Nous en fûmes tous éberlués », rapporte l'un des témoins de la scène.

Au début de l'année 1972, Lord Sefton, un vieil ami du duc, dut s'aliter. La duchesse envoya un mot de sympathie à Lady Sefton, baptisée par ses intimes « la Chère Foxie » : « Nous n'allons pas bien. J'ai des ennuis avec mes nerfs et le duc est traité aux rayons X, afin de soulager sa gorge » (le duc subit trente séances intensives de rayons X qui le soulagèrent), « mon vieil ulcère s'est réveillé et me taquine. C'est le lot de ceux qui avancent de plus en plus sur le chemin de la vie. Qu'ajouter à cela ? »

La duchesse souhaitait investir l'argent qu'ils dépensaient pour le Moulin dans l'acquisition d'une maison dans le Midi de la France où le climat était plus clément. L'humidité de Paris (un voyage aux États-Unis était maintenant exclu), le froid des hivers ne réussissaient pas au duc. Il baissait. Sans doute payait-il sa consommation effrénée de cigares, cigarettes, pipes... La duchesse n'avait jamais touché à une cigarette, mais le duc, même au plus fort de son cancer de la gorge, ne pouvait renoncer à son cigare d'après le dîner. Il tenait bon, rassemblait encore autour de lui ses amis, s'intéressait à la conjoncture mondiale. Seule sa voix passant du murmure à un son criard et rêche, trahissait son mal. Parler lui causait d'atroces souffrances, mais il ne voulait pas abandonner ce lien avec les autres...

En mai 1972, la reine alla voir les Windsor au Bois de Boulogne. Le duc était trop faible pour l'accueillir sur le perron. La souveraine vint à lui, dans sa chambre, près de son lit. Elle contemplait ce visage émacié et comprenait que la fin de son oncle était proche. L'heure n'était plus à la joie : pourtant, la reine, le prince Philippe, le prince Charles et la duchesse se laissèrent photographier sur les marches de la maison.

Le duc s'éteignit le 28 mai 1972, à un mois de son soixante-dix-huitième anniversaire. A chaque bulletin d'informations, la BBC retransmit l'allocution de son abdication : et l'on se crut revenu trente-cinq ans en arrière, et à nouveau, des gens pleurèrent, s'indignèrent. Un appareil de la RAF emmena la dépouille mortelle du duc en Grande-Bretagne : deux jours plus tard, la duchesse le rejoignait à bord d'un avion de la reine, avec Lady Soames, Lady Grace Dudley, le docteur Antenucci, John Utter, le secrétaire privé du duc. Elle ne craignait plus désormais les déplacements aériens. Sa vie était brisée.

Son ami Hubert de Givenchy lui avait procuré quelques robes de deuil, ses tailleurs lui coupèrent un manteau noir. Exploit inégalé dans les annales de la haute couture : l'équipe de Hubert de Givenchy monta, cousut, livra le vêtement en l'espace d'une nuit ! La reine invita la duchesse à Buckingham et Grace Dudley prit soin de la duchesse. Pendant qu'elle dissimulait sa douleur, se déroulait la cérémonie du Trooping the Colours (1) où la reine parut, un ruban noir à l'une des manches de son uniforme. Les cornemuses exécutèrent *Les Fleurs de la forêt,* lamento dédié à la mémoire du duc. Si les musiciens avaient levé la tête, ils auraient aperçu derrière la vitre d'une fenêtre du palais, le visage hagard, pétrifié d'une femme anéantie par le chagrin.

Le corps du duc reposait maintenant à Windsor, dans la chapelle Saint-George. La nuit précédant les obsèques, après que la foule se fut dispersée, le prince Charles y conduisit la duchesse en voiture. Les services officiels furent étonnés de la ferveur du peuple : ainsi donc, le duc était toujours présent dans le cœur de ses concitoyens ? Trente-cinq années n'avaient pas atténué cette ferveur ? Soixante mille personnes convergèrent vers Windsor pour honorer ce roi qui n'avait régné que onze mois, il y avait si longtemps de cela, ce prince de Galles qui avait soulevé leur enthousiasme et était entré dans la légende.

On l'enterra aux côtés de la reine Victoria et du prince Albert dans le mausolée familial de Frogmore. Les funérailles achevées, la duchesse regagna en avion la France, pauvre petite silhouette sombre tremblant sur l'échelle de l'appareil, portant sur ses épaules toute la tristesse, toute la solitude du monde. Elle rentrait dans une maison vide, elle n'entendrait plus jamais le duc s'exclamer : « Chérie ! chérie ! je suis là ! » Pendant près de quarante ans, il l'avait aimée, adorée, protégée, il s'était consacré entièrement à elle. Elle était perdue. Sa détresse dépassait l'imaginable.

Mais il y avait les amis, pas les relations, oh, non ! Et ses amis se liguèrent pour l'arracher à cet abîme sans fond. Peu à peu, elle refit surface, se dispersa, ne trouva pas l'apaisement. « Apprenez à dire non », lui conseilla son médecin.

Au printemps 1974, elle embarqua à bord du *SS Raffaello* qui allait toucher les États-Unis par les routes du Sud. Elle ne s'attarda pas aux États-Unis, mais de retour en France, elle gémissait d'avoir le mal du pays. Elle était pourtant reconnaissante à la France, « qui a été si bonne avec nous ». L'été, elle partit pour la Grande-

(1) Cérémonie marquant, en juin, l'anniversaire officiel d'un souverain britannique.

Bretagne, s'inclina sur la tombe de son époux et revint le jour même à Paris.

Sa domesticité la servait et la traitait fidèlement. Georges, l'impeccable maître d'hôtel français, et sa femme Ofélia entretenaient avec la duchesse des rapports vraiment amicaux, ils étaient la cheville ouvrière de la maisonnée. Le cuisinier qui réalisait des prodiges ne quitta le Bois de Boulogne qu'au moment où la duchesse ne put absorber qu'une nourriture convenant à son état d'invalide. Mais cet homme répéta longtemps tout ce qu'il devait à la duchesse, tout ce qu'elle lui avait enseigné.

En 1975, elle se cassa une jambe, mais surmonta cette épreuve. Le 13 novembre, elle eut une hémorragie qui laissa des séquelles. En fait, elle ne remonta jamais la pente, au grand désespoir de ses amis.

Son avocate, l'intelligente et dévouée Me Suzanne Blum veillait sur ses intérêts avec une jalousie féroce. Un jour, un photographe profita de l'instant où l'on descendait la duchesse dans une chaise longue sur la terrasse pour prendre une photographie au téléobjectif, qu'il vendit à de nombreux quotidiens et à la télévision française. Me Blum attaqua l'indésirable pour viol de propriété privée (délit avec lequel la justice française ne badine pas) et obtint 8 000 livres de dommages et intérêts.

Les Français étaient fascinés par la duchesse. Quelques années après la disparition du duc, Antenne 2 projeta un film intitulé *La Femme qu'il aimait*. Un débat réunit Maurice Schumann, Lord Tennyson, un historien, le professeur Hugh Thomas, etc. Le rôle de la duchesse était interprété par l'actrice américaine Faye Dunaway, qui présentait en l'occurrence une étrange ressemblance avec son modèle. (Impossible de trouver un sosie du duc, car comment capter cette aura royale qui avait été la sienne ?) Pendant la discussion de ces « Dossiers de l'écran » exceptionnels, les questions des correspondants fusèrent. Elles tournaient toutes, ou presque, autour d'un même point central. La duchesse avait-elle été conviée à Buckingham ? Pourquoi la Grande-Bretagne avait-elle été si cruelle à l'égard du duc ?

Les Français avaient adopté la duchesse, ils savaient qu'elle avait fait le bonheur du duc, mais il leur était impossible de comprendre l'ingratitude, l'intransigeance de la famille royale, des milieux politiques...

Le bonheur fait peur. Combien de gens avaient guetté la faille, avaient espéré une rupture entre ces deux êtres passionnés... mais ainsi que le rapportait la duchesse à Victor Cazalet, il n'y avait pas eu « de tragique réveil ». En 1978, la télévision britannique diffusa un feuilleton, *Édouard et Mme Simpson*. La duchesse avait requis un droit de regard sur le scénario, mais on se passa de son approbation. Elle publía dans la presse un communiqué où elle s'insurgeait contre cette ingérence sans précédent dans sa vie privée. L'attitude courageuse de cette vieille femme, de cette veuve inconsolable, défendant la mémoire de son époux salie par une œuvre de cet acabit, provoqua en Grande-Bretagne une vague de protestations sympathiques, compatissantes. Des centaines de lettres affluèrent à Paris :

« Des milliers de Britanniques comme nous, sont dégoûtés par cette intrusion. »

« Vous pouvez compter sur l'affectueux soutien de milliers de Britanniques. »

« Je ne suis qu'un homme bien simple, mais je vous jure que mes collègues de travail et moi-même, sommes offusqués par ce geste inqualifiable. »

« Vous êtes une femme formidable, et nous admirons votre grande dignité. »

« Je ne cesserai jamais d'admirer le duc et d'affirmer que c'était un homme extraordinaire. »

« Je vous aime, vous et le duc, s'il y avait de par le monde plus de gens comme vous, nous connaîtrions enfin le bonheur. »

« ... tout notre amour, toute notre admiration, vous êtes une dame. »

« Vous voyez, chère madame, il a toujours été du côté des ouvriers et c'est pour cela que nous l'aimions, et vous, vous êtes quelqu'un de merveilleux que nous aimons beaucoup aussi. Le peuple ne vous aurait jamais rejetée comme l'a fait M. Baldwin. Il a commis là une erreur irréparable. »

« ... ce feuilleton était honteux ! Des centaines d'ouvriers respectaient, adoraient feu le roi, il était « leur » roi. Et un homme courageux qui a lutté pour son amour. »

« Votre histoire d'amour est unique. »

« J'ai honte de moi. »

« ... je me suis refusé à regarder cette horreur. Question de principe. »

« Comment exprimer l'amour que j'éprouve pour votre Altesse Royale ? De par le monde, des millions d'individus vous aiment, vous admirent. »

« La Légion britannique était derrière lui. Mais quelle pitié que Winston Churchill, qui a toujours été son homme lige, ne soit plus là pour le défendre. »

Ces témoignages à la fois naïfs et sincères mettaient du baume au vieux cœur de la duchesse, adoucissaient sa solitude maintenant partagée entre le Bois de Boulogne et l'Hôpital américain de Neuilly.

Georges et Ofélia ne la quittaient pas, mais la maison qui avait jadis retenti de l'écho des fêtes, des dîners, se refermait sur la tristesse, le silence.

— Lui parlez-vous du passé, du temps où elle était jeune, aimée ? demanda un familier de la duchesse qui venait déposer quelques fleurs.

— Oui. Je lui parle souvent du passé, répondit Georges.

Lors de l'une de ses dernières visites à la duchesse, l'auteur fut très émue par ce visage, masque de la tragédie grecque, ces lèvres réduites à une ligne mince et close, ces yeux d'un bleu profond comme la mer, tournés vers la fenêtre de la chambre.

La duchesse a été assez éloquente sur le drame de la vieillesse pour que nous n'ajoutions rien à ses commentaires désabusés et déchirants où se lève la voix d'un être désemparé, livré à lui-même, anéanti par la perte de « l'autre ».

XX

EN GUISE
DE CONCLUSION

« Deux choses mènent la vie des hommes : obtenir ce qu'on désire, et ensuite, en jouir pleinement. Il faut être singulièrement avisé pour parvenir à ce dernier but. »

LOGAN PEARSALL SMITH.

L'histoire de la duchesse de Windsor est unique. Aucun éditeur n'aurait le toupet de publier un roman racontant cette incroyable saga : il croirait à un canular né de l'imagination tortueuse d'un écrivain en mal de sujet. De là les innombrables attaques qu'elle a subies tout au long de son existence : on rejette systématiquement ce qu'on ne comprend pas. L'histoire des Windsor n'entrait pas dans les schémas classiques de l'épopée humaine, elle provoqua donc la plus grande méfiance. On aurait peut-être accepté l'abdication d'Édouard, on repoussa énergiquement l'amour exclusif du duc pour cette femme qui était restée « une étrangère », qu'on chargeait de tous les péchés de la terre. Mais essaya-ton seulement de percer le mystère du caractère du duc ? Non, le public ne discourait que de l'abdication. Pourquoi le roi avait-il abandonné les rênes du pouvoir ? Parce qu'il tenait à épouser cette Wallis, parce qu'il ne voulait pas en faire sa maîtresse officielle ? Trop facile ! Dans l'ombre, on conspirait contre le roi, les politiciens complotaient pour éliminer ce souverain encombrant, trop aimé de son peuple, des petites gens, de ses anciens compagnons d'armes, investi d'une

puissance qu'il n'avait pas légalement. Peut-être s'était-on débar-
rassé de lui parce qu'il croyait à l'éventualité d'une paix séparée
avec l'Allemagne ? Hypothèse gratuite : Winston Churchill, l'artisan de la victoire britannique, n'avait-il pas été l'un de ses plus
ardents supporters ? Le roi n'avait-il pas, en 1936, touché du doigt
la faiblesse de ses moyens, son incapacité totale à influer sur la
destinée de son pays... Dans ces conditions, mieux valait se retirer
Ces théories échafaudées par des esprits souvent échauffés par les
événements convergeaient parfois vers la réalité, de la vérité des
Windsor. En 1966, trente ans donc après son abdication, le duc de
Windsor écrivait dans le *New York Daily News* : « Régner... en
cette époque démocratique, qui prône le nivellement par la base, est
la tâche la plus frustrante qui soit pour un esprit indépendant,
cultivé, ouvert. » Pensait-il à lui, lui qui, comme son père, le roi
George V, estimait que son frère le duc d'York serait plus apte à
régner ?

Alors que les princes royaux n'étaient déjà plus des enfants, Lord
Derby, un ami très proche du roi George V avait exprimé ses vues
sur les relations entre père et fils. Le ton dictatorial employé par le
roi avec ses « rejetons » le bouleversait. Profitant d'un instant de
solitude dans la demeure de Knowsley, Lord Derby dit au roi
combien il appréciait sa compagnie, mais maintenant que les princes
étaient presque des adultes, ne pourrait-il pas leur consacrer un peu
plus de son temps ? George V répondit après quelques instants :
« Mon père avait peur de sa mère, j'avais peur de mon père,
j'entends à maintenir la tradition avec mes enfants. » Que répliquer
à cela ? Que répliquer à ce désir pathétique de puissance, de
domination aveugle ? Seul un homme mal dans sa peau, indécis (et
le roi l'était à tous les points de vue) était capable de dresser un plan
aussi machiavélique.

Mais le duc échappa vite à l'emprise de son père. Et ce fut le
drame. La guerre, son incroyable popularité parmi le peuple, avait
fait du duc un homme conscient de ses responsabilités. Le roi eut
beau multiplier ses avertissements comminatoires, tendre des
chausse-trapes, le prince ne varia pas d'un iota. Cette affirmation ne
l'incita pourtant jamais, ainsi que le constate Lady Airlie, témoin
précieux des faits, à se dresser ouvertement contre son père, à le
critiquer. Dans ses *Mémoires,* le duc évoque cet homme qui se

battait farouchement pour préserver la tradition, qui s'opposait au modernisme, au XXe siècle, mais pas un mot d'amertume, pas un reproche pour ce père qui avait méconnu « le cher David ».

Le prince de Galles se contenta d'espacer ses visites à Balmoral et à Sandringham : il souhaitait sincèrement ne pas rompre le lien fragile qui l'unissait aux siens, mais il prenait ses distances. Il n'appartenait pas à l'univers étroit et sectaire de Buckingham : ses amitiés, ses amours, il les trouvait au sein du peuple, encourant ainsi une fois de plus les foudres de sa famille qui méprisait cette attitude trop franche, trop libérale. Il était tout l'opposé de son père, il s'ingéniait à ne pas démordre de cette attitude originale. Chacun s'accordait pour reconnaître les mérites de son père, mais lui, le prince de Galles, le jugeait différemment : le roi n'était pas à la hauteur de sa charge.

« Je suis prince, songeait-il, et je n'ai pas le droit de m'exprimer, d'intervenir dans les plus graves affaires du royaume. Ce royaume qui, semble-t-il, est suspendu à un stupide problème de commandements, de décorations. Nous sommes encore au Moyen Age. » Le prince avait deviné les intentions cachées de son père : « Mon père estime que je ferais un mauvais roi. Il a mis toute sa confiance en mon frère, le duc d'York. »

Dans la biographie qu'il a récemment consacrée à Édouard VIII, Frances Donaldson évoque « les terribles responsabilités héritées par le souverain ». Mais quelles étaient-elles ? Personne, même pas un républicain convaincu (à supposer que cette espèce existe en Grande-Bretagne) ne se risquerait à rendre le souverain responsable du déclin de l'empire britannique. Ce lent travail de sape échelonné sur près de trente ans a été préparé, favorisé par les politiciens.

En Grande-Bretagne, le roi règne, mais ne gouverne pas. Pourtant, le souverain et sa famille sont inséparables de ce pays. Et pas seulement à cause des traditions. Il faut dépasser le cadre fixe et chatoyant des couronnements, des jubilés, des mariages, aller plus loin pour parvenir à définir l'impact et l'importance de la royauté et de ses rites. Mais quelle est exactement cette définition ? L'énigme n'est pas encore résolue... Dans un ouvrage intitulé *Mon Dieu et mon roi,* le père Jean-Marie Charles-Roux, un Français, donc ! nous fournit peut-être une explication plausible :

« L'État est incarné par une famille, symbole de l'histoire de cette nation. Chaque fois qu'un membre de cette famille — prince, princesse, reine, roi — se déplace en province ou simplement dans la capitale, il emporte un peu de la royauté à ses semelles.

La présence dans les assemblées d'État d'un membre de cette famille qui ne peut prendre parti, mais témoigne de sa bonne volonté, de son ardeur, de sa compréhension, est le signe évident de l'évolution de notre société. Mais pour être entendues, ces notions purement morales ont besoin de luxe, de décorum. »

Quant aux « terribles responsabilités » incombant au souverain..., la pierre d'achoppement du système monarchique britannique, c'est la continuité. Lorsque Édouard VIII abdiqua, il ne laissait pas le trône vacant : ses trois frères étaient prêts...

Le jour de son mariage, la duchesse de Windsor, on s'en souvient, reçut de Walter Monckton, cet avertissement impératif : « Faites le bonheur du duc. » Sa plus belle victoire, elle l'a remportée en tenant sa promesse jusqu'à la mort de son époux. Alors que les Windsor se trouvaient en poste aux Bahamas, la duchesse confia à un évêque retournant en Grande-Bretagne, une lettre destinée à la reine Mary, où elle décrivait par le menu la vie du duc. La reine Mary ne répondit pas, mais chargea son fils d' « un message affectueux pour sa femme. » Le duc, qui n'avait pas eu vent de l'initiative de la duchesse, se montra fort surpris. En 1951, la reine Mary s'enquit de la santé de la duchesse immobilisée à New York, et borna là sa bonne volonté. Le reine Mary connaissait certainement la boutade de Mme de Genlis : « Je pardonne, mais n'oublie pas. » Elle n'avait pas oublié les remous, l'humiliation de l'abdication. Cramponnée à sa naissance, à ses privilèges, elle ne supportait aucun manquement, aucune faiblesse..., elle ne se fit jamais à l'idée de porter le simple titre d'Altesse-Sérénissime, d'être devancée par toutes ces Altesses Royales...

La duchesse de Windsor souffrit de cette indifférence, de cette raideur de sentiments : elle aurait aimé considérer la reine Mary comme sa seconde mère, mais... Le duc, lui, se sentait moins impliqué. A son mariage, il avait déjà quarante-trois ans et estimait donc qu'il pouvait faire une croix sur ses amis. Le duc de Kent, ce frère qu'il chérissait tant, ne lui appartenait plus depuis son mariage, il était tout à la duchesse, tout à la plénitude de son amour. Tant pis donc pour les jaloux, les aigris qui ont essayé de brouiller les cartes en lui inventant un sort misérable d'exilé, d'homme traqué regrettant amèrement la séparation d'avec sa famille !

Les Windsor eussent sans doute mérité un sort différent, mais... piètre consolation à leurs déboires, en 1981, la famille royale britannique est toujours aussi populaire, même quand un prince ou une princesse épouse une roturière, un photographe, par exemple ! et divorce... Si l'archevêque de Canterbury met son grain de sel, ce n'est jamais publiquement !

Les Windsor sont toujours les héros magnifiques de leur jeunesse : les témoignages de respect, d'admiration le prouvent. Trente-cinq ans d'une union sans nuages, à peine éraflée par les ragots, les chuchotements de la presse, l'envie des méchants. Une seule ombre au tableau : la longue maladie de la duchesse.

« En 1936, j'ai joué franc jeu, disait le duc, à James Pope-Hennessy, mais on m'a lâchement poignardé dans le dos. » Par cette notation amère, il ne voulait pas, une fois de plus, attaquer ceux qui l'avaient écarté d'une position où il aurait pu être utile à son pays. Il avait appris à taire ses ressentiments, il savait aussi que les princes sont au-dessus de la mêlée. Non, ce qu'il n'excusait pas, lui qui était d' « une exquise courtoisie », c'était le manque de fair-play, l'égoïsme grossier, l'absence de manières, de ses adversaires. Un vrai crime de lèse-majesté à ses yeux !

Un jour, la duchesse parlait avec un ami du règne éphémère de l'ex-roi d'Italie, Umberto : « Les rois sont devenus des pantins, et ce n'est pas la faute d'Umberto si nul ne se souvient de lui. » Et se penchant vers son interlocuteur et désignant le duc : « Les générations futures répéteront son nom, à cause de moi ! » Elle avait raison. Winston Churchill n'avait-il pas dit, jadis : « L'amour que lui porte le duc est immortel » ?

Achevé d'imprimer en mars 1981
sur presses CAMERON,
dans les ateliers de la S.E.P.C.
à Saint-Amand-Montrond (Cher)
pour le compte des éditions Mengès
13, Passage Landrieu, 75007 Paris

Nº d'Édition : 237. Nº d'Impression : 447-247.
Dépôt légal : 1er trimestre 1981.
Imprimé en France